誰都可以，就是想殺人

被逼入絕境的青少年心理

誰でもいいから殺したかった！

碓井真史——著　李怡修——譯

第二章　「誰都可以」的心理

第三章　「網路社會」把人心逼入絕境

第六章　爲了不製造犯罪者　192

終章　244

譯者序　248

專文導讀　音量開到最大的無聲吶喊

黃致豪（執業律師、司法行爲科學研究者、總統府司法改革國是會議委員）

關於現代司法行爲科學（forensic behavioral science，也就是包括心理學、精神醫學、腦與神經認知科學等在司法領域的應用研究），在歐美早自西元十九世紀末，便已經有雨果・閔斯特伯格（Hugo Münsterberg，1863-1916）以降的諸多學者與實務工作者，不斷地在各個領域深耕研究，累積實證證據，希望進一步瞭解人類思維與行爲，和各種法律議題之間的關係。

也正因爲人的思想與行爲模式極其複雜，從來不易歸因於單一因子或事件，因此無論從科學、法律，甚至哲學的觀點，長期浸淫於司法行爲科學與法律的實務工作者，其累積的知識越多，往往越不願走那條思考上的捷徑，不希望把犯罪單純地簡化爲犯罪者一身、一時、一地的個別行爲，進而主張單純地給予對應的懲罰或殺戮。因爲這樣的認定根本無助於解決人類所面對的犯罪或司法問題，只是找出一頭供多數群眾洩憤的代罪羔羊而已。

在臺灣，或許是因爲司法行爲科學的研究相對不備，又或許因爲身處於「後解嚴社會」的我們其實從未經歷精神上的眞正解嚴，因此對於犯罪的觀點向來侷限於「犯罪即應重罰/處死」的膝反射式思維。無怪乎華人社會直至現代，仍對於包青天式的虛構王權正義瀰漫著近乎盲目膜拜的信仰，往往認爲對犯罪與犯罪者的研究、理解與追尋相關脈絡，根本是浪費時間。

我身爲一個司法實務工作者，同時也是司法心理學研究者，在每每必須面對「人人皆曰可殺」的重案被告時，基於對法律與科學的理解，沒有奢侈的空間可以忽略每一個重要的提問，以及其背後的行爲科學意涵。律師的職責要求我必須竭力爲每一個被告辯護，無論被告是否爲社會所喜；科學的訓練則迫使我必須不斷地往下扣問：「是哪些因素造成的影響？有哪些證據？」這般擾人亦復自擾的問題。

更重要的是，身爲人父，我自覺有義務去理解「一個人是如何變成這樣的」。以確保自己不會在教養上走入相類的死胡同，無意間影響下一代。而這樣的感受，在臺灣社會集體經歷臺北捷運的隨機殺人事件後，尤其濃烈而迫切。

依據審理北捷案法院審判期間所公開的資訊指出：北捷隨機殺人案的被告鄭捷，他之所以犯案，乃是渴望被人殺死；而這樣的念頭在他很小的時候就有了。鄭捷似乎並未遭遇任何來自家人的虐待，雖然就學有挫敗，但似乎也未經歷重大的霸凌或傷害。他生前在法院曾自述，小學時因爲與兩個女生起了爭執，而起了殺人的動機；而在國中時，經歷師長全班集體性的體罰，也產生了一定程度的恨意。

果眞如此，他爲何不針對特定的對象進行報復？而是選擇在成年後，以如此激烈的手段來抹除自己，同時在世人心中留下一個最惡劣的恐懼印記？即便是他本人，似乎也不知道上述問題的確切答案，以及究竟如何把原生的動機，最終轉變成對陌生人或社會全體的殺意誓約。

就此而言，我的觀點與本書身爲心理學家的作者所思索的，不謀而合：這樣逸脫常人理解範疇的犯罪，或許是一種將音量開到最大的無聲吶喊；在這樣的吶喊背後，是因爲嚴重疏離感造成的無限絕望。

當一個兒童或少年經歷長期的嚴重疏離、無力與絕望後，終於習得了無助（learned helplessness），自此再也找不回自我的價値與認同。最終他決定了，既然自己如此不被注意，以至於必須考慮在絕望中，透過某種宣示性的行爲來換取世人的目光。

這種宣示行爲的終極呈現方式，就是透過隨機的殺戮來抹除自己的存在，同時最後一次將自己的身影投射入所有人的心中——哪怕換來的是最深切的厭恨與恐懼。此時，由國家賦予的、以殺戮爲名的刑罰，便爲這樣的宣示行爲打下了最強的聚光燈。

這種透過國家來殺害自己的行爲，通常伴隨著大規模的周邊傷亡。這種被指爲「人神共憤」、「罪無可逭」的處境，或許正是此類犯罪者渴望的最後一哩路：自我毀滅，同時又得到社會的注意。

事實上，除了本書舉出的日本相關案例與研究，遠在世界另一端的美國，近代同樣有難以計數、怵目驚心的各種隨機屠殺事件，例如：

一九九九年，科倫拜高中隨機殺人案（由兩名高中生 Eric Harris 與 Dylan Klebold 所犯）；二〇〇一年，加州聖地牙哥山塔納高中隨機殺人案（由 Charles Andrew Williams 所犯）；二〇一二年，康州紐鎮胡克小學隨機屠殺幼童事件（由 Adam Lanza 所犯）；二〇一二年，科州奧羅拉「黑暗騎士」隨機殺人案（由 James Holmes 所犯），在在指向上述的行爲模式與犯罪心境。

問一個鄉民都愛問的題目：身爲司法行爲科學研究者與法律工作者，難道我主張的是不去懲罰這樣的重大反社會行爲嗎？不去撫慰被害者與其家屬嗎？

當然不是。事實上，各國法院判處這些人死刑或無期徒刑，從未間斷；而我們的社會與法律體系更從未展現對於事發脈絡的一絲理解與寬容。可惜的是，行刑過後，被害者與其家屬同時也被國家與媒體遺忘在悲痛的深淵中，任由巨大的憤怒與無力感與他們爲伴，在黑暗中度過餘生。

但在個案的刑罰以外，我們仍然有展望未來的責任。從行爲調整與矯治爲前提的刑罰論觀點出發，這樣的反社會行爲必須透過懲罰與矯治來建構病識感（insight），進而設法重塑——眞正能在行爲與意識上，讓被害者與其家屬取得一個眞摯了結（closure）的受刑人。至少，遠比快意懲罰更重要的，是我們該如何透過檢視此類犯罪脈絡，設法挖掘出足以減少，甚至避免日後類似事件發生的相關因子或相關徵兆，讓下一樁事件別再發生。

隨機殺人犯罪者的肖像，不分國籍，在犯下如此駭人聽聞的罪行之前，常有著類似的輪廓：「像空氣一般沒有存在感」、「看起來覺得好寂寞、好疲累」、「嚴重的疏離感」、「認眞文靜，個性溫順」、「家庭關係形式化」、「深切的權威認同」、「想做一個了結」、「生命與世界實在太無聊了」、「已經很努力了，卻仍然無法達到期待」、「透過網路或其他媒介吐露想法，在現實生活中卻幾乎無言」等。既然有跡可循，那麼透過眞摯的研究、教育觀念的導正，以及建構社會安全網政策，或許並非全然沒有避免事件發生的機會；透過檢視這些徵兆，對大規模的隨機殺人行為進行早期介入（early intervention）。

但當我們的社會與媒體沉迷於刑罰、殺戮；當多數家庭的雙親汲汲營營於長工時的餬口謀生，連親子間的談心都成爲一種奢侈，這時又有誰能感受孩子們在日趨形式化與失能化的教育體系、家庭單位中，所陷入的疏離泥淖？誰能以關懷的角度注意這些跡象？又有誰來陪伴孩子們走過這段孤獨的旅程，直到他們可以重新站起？

當孩子們已經把無聲吶喊的音量開到最大時，我們這些掩耳拒聽、有眼難視的成人，以及這個以我們爲主體所構築的社會，又何能完全撇清責任？

專文導讀　從滅絕之途，走向希望之路

楊添圍（臺北市立聯合醫院松德區院長、專長司法鑑定、著有《以瘋狂之名》一書）

「我回來了。」我試著朝向誰都不在的家說。

「孤獨的我，在社會意義的層面上，已經死了。」

以上是二〇〇七年秋葉原無差別殺人凶手在網路的發文（見第一章）。震懾於如此的字句，我開始認真閱讀這本書。

書店專門區：無差別殺人

無差別或隨機殺人，一向是驚悚、令人不解卻引人好奇的主題。

精神科醫師片田珠美的《現在好想殺人：無動機少年殺人事件簿》（數位人資訊出

版)，提出對二〇〇〇年六起少年殺人事件的精神分析觀點。除去作者企圖從學理或描寫所推斷的假設，想從無動機裡找到所謂的「動機」之外，正如書名「現在好想殺人」，這麼令人無法理解、難以接受的的主軸，讓閱讀者每每感到窒息。

如本書作者碓井眞史所說，日本在二〇〇〇年之後，無差別殺人事件層出不窮。二〇〇五年二月十四日，一位十七歲畢業生，進入寢屋川市中央小學，刺殺一位男老師、兩位女性教職員。凶手完全不認識被害人，隨機選擇，他自述：「在行凶之後，差不多最後的時候，我覺得自己的人生完蛋了。」曾任養護學校教養員的佐藤幹夫，二〇〇七年寫下了《心，無法審判》(臺灣商務印書館出版)一書，對於這位經過多次精神鑑定，被認爲疑似有「亞斯伯格症」的犯罪者，其犯罪動機、審判過程、少年處遇制度、日本精神鑑定制度，以及日本少年法與刑事政策，提出許多看法，當然，還有更多疑問。

其後，日本法務省在二〇一三年發表了〈無差別殺傷事犯に関する研究〉(法務總合研究所)，是無差別殺傷罪犯的相關研究，研究了五十二位罪犯，其犯罪沒有明顯動機，與被害人無對立、衝突或抗拒關係。

科學性地分析各種類型後，研究報告提出對刑罰與矯治體系的改革建議，最重要的是揭示——要以「社會整體改造」來減少無差別殺傷事件，其中還特別提到，「社會的『立身之地』與創造『出頭的機會』是爲重點項目」。結論不忘提醒：「在這個研究裡，的確提出一些犯罪者的特徵點。然而並不是符合這些特徵的人就立刻會引起無差別殺傷事件。」「因此，以學業、工作、交友關係、性格、精神疾病診斷爲前提，對於符合這幾個特徵的人，不應該抱持著惡意的偏見，應該更加嚴格謹慎。」

一九九七年，發生強烈衝擊日本社會的「酒鬼薔微聖斗事件」，因爲加害者手段凶殘駭人，而且年僅十四歲。多年後這名「少年A」離開矯治所，回歸社會，竟然出版了自傳《絕歌：日本神戶連續兒童殺傷事件》（時報文化出版），爭議再度引爆。

專論、專書不少，但是卻只能一窺一二。無論是官方研究、學者論著或凶手自述，這個主題似乎都更加幽暗、更令人無法參透。到底是社會造成了犯罪人，還是特定犯罪人造就了某特定犯罪，似乎是無解的難題。

翻閱本書，在起始的震撼過後，我頓時發覺它絕不可能只是一本眞實犯罪的敘事書、新聞報導，或是充滿學說假設與客觀統計描述的科普作品。因爲我一開始讀這本書，就感受到作者有臨床工作者的敏銳，還有深度的同理。

日本兒青心理專家的起手式

其實，這本書不需要太多專業解釋來導讀。作者身爲經驗豐富的臨床心理師、學校心理師，足以使用相當淺顯或通俗的語言，來解釋這些「困頓青少年」，或是曾爲「困頓青少年」的青少年與成人犯的故事。在介紹專有名詞時，他也不時用簡要的說明來解釋疾病、症候群或診斷名詞，很像一位熱切的心理治療師，在親職教育的課程裡，面對焦慮而茫然的父母，娓娓道來，回答他們的問題。

更多時候，作者是一位經驗豐富的心理治療師，向閱讀者呈現個案報告，以敘事的方式描述他所看到的、協助的個案，然後穿插專業人士的科學論述——有時是官方調查，有時是犯罪學統計，有時是報告臨床診斷的綜合陳述。

在第五章中，有著相當弔詭的觀察。作者指出，日本青少年或青年殺人犯其實正逐漸減少，甚至只有過往的四分之一。在討論諸多可能的原因之後，作者認爲原因之一是青少年的人際互動明顯地減少。爲何有這樣的情況呢？

美國聯邦調查局與司法部長期研究殺人案件，發現就加害人與被害人的關係而言，多數發生在同種族、同年齡層、同社經階層之間，是人際衝突的產物。人際衝突的情況減少，作者認爲是因爲人們也減少互動了。而網路，可能是人際互動減少的因，也可能是人際互動減少的果。

作者用相當篇幅介紹了網路對於青少年、對於人際的影響。在相當程度裡，也反映了日本社會，甚至亞洲社會文化的特色。許多特殊案件的犯罪者沉溺於網路，如二〇一二年犯下七二一屠殺的挪威青年貝維克，是知名網路遊戲「魔獸世界」的愛好者。到底是虛擬的世界讓這些人模糊了眞實與想像的界限？還是現實世界的挫折、不滿，讓受挫者遁入數位空間裡？

對人心而言，虛擬世界是否有修復與和解的潛能？還是只會更加異化與疏離？無論如何，凶手利用手機或電腦在數位網頁留下的各種獨白與足跡，常常成爲我們事後諸葛，用來推測案發因果的主要來源。

另一種可能來自於青少年自身，他可能有「述情障礙」、可能有「廣泛性發展障礙」、可能有「精神官能症」，或是「人格障礙症」。什麼是精神疾病呢？其實精神疾病也常常是一種「人際關係」的疾病。

英國的凱洛安．戴維斯，研究十三位少年殺人犯，都曾經遭受嚴重虐待。而本書作者發現日本有許多模範生犯下突發型犯罪，有許多優秀家庭的小孩犯罪（見第二章）。就個案開始鋪陳，從社會成因到個別因素，從巨觀到微視，這應該就是個案治療者容易呈現的起手式，藉由一個個生命故事，帶入系統性的觀察。當然，作者在其本土的治療經驗，也反映了日本的社會文化特徵。這些相同點、不同點，就留給臺灣讀者存異求同，自行思量。

大量殺人、大規模殺人

第四章一開始說的大量殺人或大規模殺人（mass murder），是英美研究中慣用的取向，通常是指「在一個連續時間裡，殺害三或四人以上的事件」。從另一個角度來說，從英美研究中發現，無差別或隨機殺人，是大量殺人或一般殺人的一種類型，重點在於加害者與被害者之間沒有明顯關係、沒有明顯愛恨情仇或其他犯罪動機。當大量殺人發生於公眾場所、學校、社區活動地點、商場等，就成爲無差別殺人。

不過，有人指出，東方社會習慣用無差別或無動機來看待這類事件。英美社會的大量殺人，可能是行凶工具、槍械容易取得的結果，因此容易造成多人死亡，而且槍枝殺人造成的多人死傷，通常與幫派、犯罪與情仇有關。相對來看，日本社會有嚴格的槍械管制，要造成死傷眾多的案件，難度更甚於英美。而群眾最深的恐懼仍然在於「自己成爲受害者」的可能性；換言之，恐懼還是來自於「無差別」與「隨機殺人」此一起始點，使得人人自危，因爲所有人都可能成爲潛在受害者。

雖然槍械文化有東西方或國情的差別，但人們對無差別殺人的恐懼是共通的，而且這樣的加害者是一群自殺與殺人行爲合併的族群。

這到底反映著什麼樣的人心，還有什麼樣的社會壓力？使得一個人在沒有出路之際，把殺人、自殺視爲最後與唯一的出口。

給了診斷，無法解決問題

「人格障礙正在增加」，這是作者在第五章的陳述。在這章，開始出現許多精神科診斷，例如：注意力缺損過動症、亞斯伯格症、自閉症、述情障礙，還有前面所說的思覺失調症、精神分裂症前驅症狀、人格障礙……

我寧可如此陳述，作者其實是用比較寬容的態度來面對診斷，而必須強調的是，這裡的臨床診斷，例如，亞斯伯格症、自閉症還有述情障礙，常常被認爲是一種人格特質或發展特質，而非僅指於疾病。就如同許多人格障礙被認爲應該接受輔導、教育、社會心理治療，但未必被認爲是有一種固著的疾病，或者說這些人未必有社會失能的情況，可能終其一生平安和順，不符合疾病的定義。他們只是「很特別」、「和別人不太一樣」的人。

當我們陳述「人格障礙正在增加」，無意中會讓人以爲精神科疾病逐漸增加，然而背後的深層意義或許在於：在現代社會裡，人們的個別異質性正在增加，但社會的寬容、人與人的聯結或同理卻在縮減。

鑑定之艱難

第四章提到，許多案例做了好幾次精神鑑定，每次結果都不一樣，這樣的情況是經常有的。接著描述了一個案例，一九八八年到一九八九年發生的東京琦玉連續幼女綁架殺人事件的裁判，加害者一共接受了三次的精神鑑定。三個鑑定結果分別是「有責任能力」、「多重人格」與「因思覺失調症導致精神耗弱」。

身為一位心理學者，作者也替日本精神鑑定專家提出辯護。他說明，精神鑑定的結果不同，是因為精神疾病的表現非常複雜，有些甚至還沒有辦法特定其原因。舉例來說，像思覺失調症這樣的疾病，不管是照X光、抽血檢查、腦波檢查、核磁共振檢查，都沒辦法找到確實的證據。只能從側面或是周邊提供的許多情況，來做綜合判斷。

簡單說，典型的思覺失調症通常可以很快地診斷出來。但是思覺失調症也有很多類型，當然更有非典型、難以理解的微妙案例。再者，更困難的是，為裁判所做的精神鑑定，要診斷的不是現在的狀況，而是犯行時與過往的精神狀況。不管什麼疾病都一樣，要診斷過去某個時間點有沒有什麼疾病，並不是一件簡單的事情。誠哉斯言。

在此也提醒讀者另外一點，縱使加害者疑似病患、疑似有思覺失調症，這種說法只是因為鑑定人無法排除其有精神疾病的可能性。實際上，書中提到的許多個案，無論有無疾病，後來都被判定有責任能力。

對號入座，禁止

筆者還是要提醒大家，不要認為用特定的人格特質與心理描繪，就可以指認出有問題的青少年、潛在的殺人者；不要貿然對號入座，認為我家的孩子就是這樣；不要認為自己就是失敗的父母；更不要認為哪一種家庭一定是問題家庭。

讀者仔細歸納書中所討論的個案，其實沒有一個人完全適用共通的特質。正如作者最後不斷提醒的——每個人都是特別的！確實，有些個案有情緒表達困難、人際關係相處的問題，也有類似精神疾病的前期症狀或人格障礙。但是還有更多反例，例如有良好家庭的孩子，有模範生。很多適應上的問題，未必是疾病所造成的。

《絕歌》的凶手少年A也是如此。他到小學四、五年級都有平凡正常的童年，有愛他的父母，和兄弟關係也不錯，在學校並非孤僻、沒朋友的人。他也未曾被虐待、被性侵害。

實際上，他也不像當時媒體報導的缺乏關愛。進入醫療少年輔育院後，他還展現了文學的偏好，讀了不少村上春樹、杜斯妥也夫斯基的作品。

正如，科倫拜高中隨機殺人案發生後，美國祕勤局與教育部安全學園措施計畫合作，研究校園槍擊案（Fein et al., 2002; Vossekuil et al., 2002），結果發現所謂加害者的典型描繪（profile）並不可靠。換言之，加害者有不同類型，想要用回溯式的方法找出其特徵，用來預測可能的犯罪者，注定失敗，只會發現受挫的犯罪者和我們——自認爲是正常人的我們——其實差別不多，甚至一模一樣。

找到希望之路

最後，引用作者在序章的陳述，做爲結語：不畏懼地、好好地觀察人心的黑暗處吧。然後，不要就此放棄，爲支援臺灣的家庭和青少年，讓我們一起思考具體的對策吧。

一切，都是爲了找到希望之路。

請各位閱讀這本討論無差別殺人的書，這是一本寫給爲人父母的書，更是寫給所有爲人子女的書。當然，這本書也寫給你、我，以及每一位曾是困頓青少年的人。

誠摯推薦。

參考文獻：

Fein, R. A., Vossekuil, B., Pollack, W. S., Borum, R., Modzeleski, W., & Reddy, M.（2002）.Threat assessment inschools: A guide to managing threatening situations and creating safe school climates. Washington, DC: U.S.Department of Education, Office of Elementary and Secondary Education, Safe and Drug-Free Schools Programand U.S. Secret Service, National Threat Assessment Center.

Vossekuil, B., Fein, R., Reddy, M., Borum, R., &Modzeleski, W.（2002）.The final report and findings of the SafeSchool Initiative: Implications for the prevention of school attacks in the United States. Washington, DC: U.S.Department of Education, Office of Elementary and Secondary Education, Safe and Drug-Free Schools Programand U.S. Secret Service, National Threat Assessment Center.

序章

那是梅雨季節裡好不容易放晴的一個星期日，秋葉原步行者天國，來買東西的遊客及阿宅們開心地逛著街，熱鬧得很。像祭典廣場一樣的大十字路口，如遊樂園般的夢境，「現實」突然間就這樣衝撞進來。

一名職業是派遣社員的青年，駕駛著兩噸重的小貨車，朝著路人直直地衝撞過來。偶然在那一天到秋葉原去，與這名青年毫無關係的人們，被他駕車無差別地輾過，用匕首亂砍。七條寶貴的生命被奪去，另有十人因此身負重傷。

在犯案現場就地被逮捕的青年，於警察偵訊時這樣說：

「我就是爲了殺人來秋葉原的。」

「誰都可以。」

這句話喚起我們心底的恐怖、憤怒及不安。這樣的殺人魔只要活著一天，我們哪時候會被殺死都不知道。這，就是路上無差別殺人的恐怖原因所在。「誰都可以」，到底是什麼意思呢？殺人，是那麼簡單的事情嗎？人的生命眞的是像說出「殺誰都可以」般，輕如鴻毛嗎？

「誰都可以，就是想殺人。」聽到這句話，我們感到無止盡的不安。不只是因爲自己本身可能遭遇不測，而是我們感覺到「生命竟然可以被如此輕賤地對待」吧！

犯下秋葉原無差別殺傷事件的青年，以及在這之前才剛發生的ＪＲ荒川沖站路上無差別殺人事件，與在這之後馬上發生的八王子路上無差別殺人事件，這些「誰都可以，就是想殺人」的殺人犯們，沒有考慮過逃亡。根據犯罪心理學的研究顯示，開膛手傑克那樣的連續殺人犯會規劃逃亡，但是想一次殺掉很多人的「大規模殺人者」，他們打算就在犯案現場被捕、被射殺，或者自殺。他們不只不重視別人的生命，同時也看輕自己的生命。

不只對他人的生命，連自己的生命也拋諸腦後的這種犯罪，令我們難以理解，但「殺誰都可以」的犯罪已經不斷地發生。他們說著非常相似的臺詞；「爸媽都是陌生人。就是要讓他們傷腦筋。誰也不理解我。我總是一個人。心情沮喪。沒有能讓我滿意的工作。」然後，就出現「誰都可以，就是想殺人」的想法。

他們不是不良少年，也不是極惡之人，反倒都是些高材生。可是他們在人生的某一個階段，與父母的關係崩壞，在學校受挫折，工作時遭遇失敗，連在網路世界的人際關係也感到一再受辱。然後漸漸地，他們的心被絕望及孤獨感所支配。

「誰都可以，就是想殺人。」生命被當作物品，如道具般被使用，是一句令人毛骨悚然的話。無差別傷人、殺人，是一種非比尋常的凶惡犯罪。但是同時，這些殺人犯是不是也想著「誰都可以，拜託來愛我」呢？殺了人，然後想就此終結自己人生的他們，會不會是想著被誰需要呢？犯罪，是這個社會的一面鏡子，如果只是對他們貼上極惡之人的標籤，嚴加指責，把事情歸咎於「他們就是壞人，所以才做了壞事」，這樣我們永遠沒辦法從事件裡吸取教訓。

本書以秋葉原無差別殺傷事件爲中心，以及該事件前後發生的其他殺傷事件爲基礎，與大家一起思考。不僅從犯罪心理學的角度，亦從親子關係、青春期、成人的心理，以及現代社會存在的各種問題，探討無差別殺人事件。

不畏懼地、好好地觀察人心的黑暗處吧。然後，不要就此放棄，爲了支援日本的家庭和青少年，讓我們一起思考具體的對策吧。

一切，都是爲了找到希望之路。

第一章　秋葉原無差別殺傷事件

爲了殺人而來秋葉原

二〇〇八年六月八日，星期日。中午十二點半左右，一名二十五歲的年輕人駕著兩噸重的小貨車，衝進熱鬧的秋葉原電器街，步行者天國。直接衝撞路人，甚至沒有留下一點剎車痕跡。車子的擋風玻璃被撞出一條大裂痕。從終於停下的小貨車上，走下了一位年輕人，手裡握著匕首，一邊大喊大叫，一邊開始攻擊路上的行人，不分男女。他手裡的這把刀，連懷著愛心、鼓起勇氣照看被害者的女性也不放過，深深地刺進她的背。

根據報導，剛好也在現場的人，在作證時這麼說：「小貨車非常凶猛地衝進來。我一開始還以爲是肇事逃逸。接著就聽到旁人大喊著『路上殺人魔！是路上殺人魔』。柏油路上到處都是血，這一帶完全陷入了恐慌狀態。」

七人死亡、十人身受重傷。最糟糕的路上無差別殺人事件發生了。

這個被警官制伏在地而後逮捕的年輕人，出生於一九八二年九月，青森縣人，事發當時在靜岡縣做油漆工人，是個派遣社員。中學時，他曾經以最優秀的成績考上縣內最好的高中。他說：

「世上的一切都很煩人。對生活也覺得很厭倦。」

「想殺人所以來秋葉原。」

「誰都可以。」

「想做的事情……殺人，夢想……獨占八卦新聞版面。」

這個青年到底生什麼氣呢？到底爲了什麼傷心呢？不是直接找惹惱自己的當事人發火，也不是摔東西發飆，而是殺害那麼多他從來沒見過的人。

年輕人有時候會氣到忘我，有時候會氣到出手傷人。但是秋葉原的他，那股湧現的怒氣與悲傷，好像失去所有希望，要把世界終結毀滅似的。若是想保身的人，應該不會做出這種荒唐的事吧；如果害怕死刑，應該也不會犯下這種大規模殺人的事件吧。

到底是什麼原因，把這個年輕人逼到這樣的絕境？

青年的成長過程與家庭

事件發生後，有非常多關於加害者青年與他家人的報導。加害者本人也陸陸續續提到自己的成長過程與家人的事。小他三歲的親弟弟也對外發表自己在事件發生前後的日記及札記（《週刊現代》雜誌二〇〇八年六月二十八日、七月五日、七月十二日號）。家人在事件發生後馬上公開自己的札記、日記，這種事情史無前例。就這樣，這個家庭的樣貌，從兩個孩子的敘述中浮現了出來。

從父母的角度來看或許會持反對意見吧，也可能覺得是孩子單方面的誤解或想太多了。但是，從孩子的角度來說，他們感受到的家庭就是真正家族的樣貌；真正影響孩子的不是客觀上的家庭，而是孩子感受到的，心裡所呈現的家庭。

加害者青年的父親在出身地青森的金融機構擔任管理職，是社會上所謂的菁英。母親就讀的高中和青年一樣，是青森的名校——青森高級中學。她畢業後沒考上大學，便開始工作，在職場上認識青年的父親後結婚，現在是家庭主婦。父母兩人都很優秀，經濟上也沒有什麼問題，他們很愛孩子，對孩子的教育也很有熱忱。

如果問，那這個家庭什麼問題都沒有嗎？我想至少可以說，絕不是極端糟糕的家庭吧。但這兩個孩子都不約而同地訴說雙親的問題。這對父母有能力，對孩子又有愛情，是努力、有幹勁又拚命的父母。反而就因為是這樣的父母，才讓孩子感到痛苦。

過度保護，奪其意志

這對父母給孩子們的零用錢，只有過年的紅包。孩子有什麼需要的東西，會另外買給他們。但是除了紅包以外，從來不給孩子現金當作零用錢，讓他們自由地花費。買東西一定要經過母親的同意。從父母的角度來說，這是不想讓孩子養成亂花錢習慣的「家教」。但如果我有機會跟這對父母聊聊，我會勸他們給孩子們一些零用錢吧。

爲什麼我要這麼建議呢？因爲，從父母那裡得到零用錢，對孩子來說是一種得到愛的象徵。金額的多寡，依家庭的狀況而定，在一般可以理解的範圍內，或多或少都沒有關係。當然，給得比較多也不代表愛得比較深。孩子所感受到的是父母、阿公阿嬤很愛我，所以給我零用錢花。相反的，只要孩子吵著要就給錢花，也不是一件好事。應該給固定的金額，然後讓孩子照他的想法去花，學習用錢的方法與計畫。

因爲是小孩子，所以會把錢花在沒什麼用的東西上吧，但就算這樣也好。有時候，這樣無謂的花費是必要的。孩子脫離父母的管教，成爲自由的個體，從父母的喜好、價值觀中解放，買買零食、買買模型，想買什麼的時候不必一一看父母的臉色。藉由這筆可以自由使用的錢，孩子可以離開父母，活在他們自己的王國裡。

透過給孩子一定金額的零用錢，傳達父母的愛，讓孩子體驗離開父母、自己獨立的心情。給孩子零用錢的基本態度是——照約定給零用錢，不過問錢花在哪裡。這其實不用心理學者特地一一說明，相信一般家庭也這麼做。相對的，「當有需要買東西的時候，給相對足夠的錢」，這樣的方法即便金額是足夠的，孩子也感受不到愛，同時失去享受自由、失去透過錢學習如何在社會中生活的機會。若是既認眞又嚴格的父母，以上的情況會更顯著。

孩子有想買的東西時才給錢，這個方法本身並沒有什麼問題。若在一個氣氛比較活潑自由的家庭，孩子可以對父母撒撒嬌，想辦法不被罵又要到零用錢，雖然會亂花一點錢，但可以感受到父母的愛，也學到使用錢的方法。

也不是說固定時間給零用錢就好了。錢用在哪裡？怎麼用？但如果父母一步一步都要干涉的話，可就不能說是讓孩子自由花費了。

如果小孩子敏銳地察覺父母的期待，只敢照父母的意思去花零用錢的話，一樣沒有效用。就算形式上給孩子可以自由使用的零用錢，但是實際上並沒有讓孩子自由使用，那麼孩子雖然一天天地成長，卻始終沒做好離巢獨立的準備。

「過去一直不能自由地買東西。」加害者的弟弟這麼說。然後漸漸地，「也失去想要什麼東西的欲望了。」

過剩的親情，奪其自立

加害者的母親對於男女交往之事也非常嚴格。「我可不准你交女朋友，知道沒？」她曾經這樣訓示。

加害者的弟弟說：「母親對於男女關係總是反應過度。」「徹底地排除異性的存在。」女孩子寫來的明信片總是被貼在牆上，像一種警告。

對母親來說，教育男孩本來就是相當困難的事情，因爲是在教育一個「異性」。當可愛的「小主人」有一天突然變成「男人」，絕大部分母親或多或少都會感到困惑。但孩子就是這麼長大的，交男女朋友、性關係，這些事都是促使孩子成長、離開父母獨立的重要關鍵。

父母期盼孩子的成長（我想應該是期盼的，也知道自己是期待孩子成長的吧）。但是，不讓孩子自由地花零用錢、禁止孩子交男女朋友，這麼做反倒會綁住孩子，妨礙他們成長。

除了交女朋友的事情之外，弟弟也在札記裡這麼寫著：「我們不能帶朋友來家裡玩，也不可以去朋友家玩。」對父母來說，這可能是教出好孩子的一種家教，但從結果來說，卻妨礙了孩子在學習及學校以外，與周遭自由交流的機會。加害者青年也許就是因爲這樣，所以一直想著要離開父母，獲得自由。

弟弟說，因爲被限制交女朋友，所以沒有看過「那個人」（在札記裡，弟弟提到哥哥的時候都用「那個人」或是「犯人」這樣的詞）整理自己的髮型，或是穿得好看、時髦。弟弟似乎很驚訝，因為發生這次的事件，才知道「那個人」居然悲嘆自己沒有女朋友、長得不帥。犯案青年在犯行前這麼說：

「長得太難看了，結束。」

「有個女朋友的話，就不會活得這麼悲慘了。」

「沒有女朋友，這就是所有失敗的元凶。」

這樣的想法成了他心裡不安及怒火的一部分。

對於男女交往及有關「性」的事情，母親過度限制、過度表現出極端的不愉快及厭惡，兒子也就沒有辦法順利處理有關「性」的事情。

一般來說，男孩子進入青春期後，有時候會在意自己的穿著，有時候會煩惱自己的容貌，也會經歷與喜歡的女孩子交往、分手。加害者青年如果在少年時期有這些經驗，也許就不會到二十五歲還那麼在意、拘泥於容貌與沒女朋友的事情。

迫其服從，造成強烈的不安

加害者青年與弟弟小時候也有幸福的時刻，一家人快樂地聚在一起、玩撲克牌，但父母的家教越來越嚴。弟弟提到有一次吃飯時，母親對「那個人」（哥哥）大怒的事情。當天飯吃到一半，情緒激動高亢的母親攤開報紙，把飯、菜、味噌湯全都倒在上面。「那個人」一邊哭著，一邊把報紙上弄得像剩飯的食物吃掉。

必要的時候，斥責孩子是一件重要的事情。但是，不要給孩子超過限度的悲痛記憶。而這個家庭糟糕的是，讓被斥責的孩子一邊哭，還一邊吃掉報紙上的食物。

被這樣對待的孩子，如果會哭著逃回自己的房間，或是發火頂嘴，反倒還好。沒辦法違抗父母，只會說對不起、乖乖順從的孩子，當父母不講理的時候，便完全承受了他們的情緒；特別是長子與長女，最容易直接受到父母這樣的影響。

而且，依照弟弟札記中所說，父母生氣時從不說理由，只是很凶地罵人。從父母的角度來說，也許是想要孩子自發性地反省，而這對父母罵小孩的方法也許有效地讓孩子聽話了，但同時也帶給孩子強烈的不安。

許多育兒書裡都建議大家：罵孩子，要好好地說明理由後再罵……

體罰的可怕副作用

這個家庭也體罰孩子。雖然沒辦法斷定有「虐待」這樣激烈的日常暴力，但孩子確實有被父親毆打的經驗。母親也會，當孩子沒辦法照她的想法回話時，被甩巴掌是家常便飯。

體罰是個便利的辦法。如果要讓很小的孩子聽話，體罰是有效的手段。但我們必須謹愼爲之，因爲效果好的藥通常也伴隨著強大的副作用。

首先，體罰人的人與被體罰的人之間，關係會變得不好。其次，一般來說，父母也是一邊養育小孩，一邊慢慢學習如何與孩子溝通、讓孩子聽話。但一旦習慣了體罰這種強效的手段，就會變得不知道怎麼使用其他方法。父母在嘗試各種教育方法的過程中，本來也可以漸漸成長，只用體罰這個手段，就沒辦法培養教育孩子與溝通的能力。

體罰更可怕的副作用是，就算父母心裡想正確地教導孩子什麼道理，孩子所學到的卻是「必要的時候使用暴力也沒關係」。秋葉原事件的加害者青年，到青春期便開始對媽媽使用暴力。

大多數對家人使用暴力的青少年，小時候都曾經有被體罰的經驗。

根據別的報導，加害者青年家附近的鄰居說：「哥哥小時候被罵，被關在玄關外時，聽過他的哭叫聲；也看過他在冬天超冷的時候，穿著單薄的衣服在外面。這到底是在教小孩，還是虐待小孩？都搞不清楚了。」

自由及創造力VS父母的自我中心意識

加害者青年的母親對教育非常熱心，在課業方面尤其嚴格。犯案前，青年曾在手機網站上這樣寫：「靠媽媽寫的作文、靠媽媽畫的畫得獎，念書也是被強迫著念，所以做得很完美。」「媽媽想要向周遭的人炫耀，所以什麼都弄得很完美。連我寫的作文也是，母親全都一一檢查過了。」

弟弟在札記裡證實哥哥所說：「媽媽一直以來都要求完美。作文也是，為了寫出讓老師喜歡的文章，全都經過媽媽加工。」他記錄某天「那個人」寫作文時的情景：「哥哥在作文紙上才寫下第一句話，媽媽馬上說不對！伸手就把紙丟了。再寫第一句話，她又說重來！又把紙丟了。」

文章的開頭確實很重要，孩子有時候會用一些老掉牙的方式開頭。從大人的角度來看，也許會覺得「能再多想一點、再多下點工夫就好了」！但是那句老掉牙開頭之後，說不定會有優美的詞句出現。不確認孩子有什麼想法、點子，就把作文紙丟掉，這種態度粉碎了孩子的自由及創造力。

確實，孩子必須學習讀書、寫字、算數，也需要被教導如何寫出好文章。以自我認同理論聞名的心理學者艾瑞克森，曾對小學生的教育做出以下論述：

教育孩子，最重要的不是怎麼教他們讀得好、寫得好，或怎麼教他們算數算得好；而是要怎麼讓他們在不產生自卑感的情境下，學習讀書、寫字、算數。而且，對孩子最重要的是——透過讀書、寫字、算數，品嘗得到成果的喜悅。奪去其自由，照父母想法寫出來的作文，就算得獎，孩子也感受不到創作的喜悅。

不適當的撒嬌表現

加害者的弟弟說，哥哥在青少年時就曾經對母親施加暴力。從心理學的角度來說，兒子對母親施加暴力，是對母親「撒嬌」的不適當表現。一般來說，撒嬌的行爲會隨著年齡增長而變化。小時候的撒嬌就是字面上的撒嬌；青春期後，雖然漸漸瞭解自己不能再一味地撒嬌，但也偶爾會想這麼做。而扭曲的撒嬌，會以粗暴的言行表現出來。

我們對於不得不客氣的對象不會耍任性，也不會表現出粗暴的言行舉止。在家裡再怎麼可怕的老爸，出外對上司或生意往來的對象，肯定是彬彬有禮，即便怒罵部下或哪位店員，也是因爲經過判斷，知道對方是可以發火的對象。

不必忍耐、不必有禮貌，這就是一種撒嬌，這與小朋友對媽媽耍任性，或表現粗暴是一樣的。

進一步來說，會對家人施暴的孩子，都是軟弱的孩子。有的是被過度溺愛、保護而變得軟弱；有的是因爲家教太過嚴格而變得軟弱。被過度溺愛、保護的孩子，不必決定自己的行動，什麼都有父母幫他打點好，所以才變成軟弱的孩子。另一方面，接受嚴格教育長大的孩子，乍看之下好像與被過度溺愛的孩子正好相反，但正因爲父母決定了所有事情，導致他沒有養成決定事情的能力。然後，在嚴格的家教環境中，導致他各種經驗不足，個性變得軟弱。

孩子小時候在父母的保護及管理下，可以活得很自在，但進入青春期後，父母管不到的部分逐漸增加，軟弱的孩子在學校或朋友間有時候沒能強健、快樂地成長——一直以來以乖孩子印象被教導的孩子，終於遇到了挫折。

在外面的世界沒能順利發展的少年，累積壓力後，開始在家裡釋放那份壓力，向父母使性子、製造問題給父母。當父母不能滿足他們想得到的，他們便施展暴力。

他們抓著父母，一邊吶喊著「給我道歉！給我道歉」，一邊毆打父母。心裡的聲音是：「都是因為媽媽一直以來把我綁住，我才會變成這種懦弱的樣子。把我變成這樣，都是妳的錯！」

秋葉原事件的這名加害者青年，是不是也一邊這麼想，一邊打了他的母親呢？

過度的家教，奪去孩子的心

弟弟札記裡提到，兄弟倆唯一被允許看的電視節目是「哆啦A夢」與「漫畫日本傳說故事」，也是最近才知道有速食這種東西，更沒去過電子遊樂場。兩兄弟的母親一定非常認眞地在教育孩子，在他們身上所花費的時間和心力不容小覷。普通的媽媽應該會覺得太麻煩了，沒辦法做到這個程度吧。雖然她這麼努力，但是這樣的方法對孩子而言，並不能感受到母愛。而父親也沒能調整母親的教育方法。

母親越想要孩子好，越努力，愛就越空轉，孩子沒辦法感受。母親說除了「哆啦A夢」與「漫畫日本傳說故事」，也讓孩子看其他節目，可是在孩子的記憶裡，除了這兩個節目，其他節目是被禁止收看的。

父母都希望他們進入好學校，也因此而努力；希望他們好好聽大人的話，做個好孩子，肯定想都沒想過孩子長大後會犯罪之類的。一定是懷抱著這樣的愛而嚴格家教的吧。但結果，這位長子卻像是在放話般，果斷地說：「父母是陌生人。」

對青少年犯罪十分瞭解的精神科醫師桃樂西・路易斯，提到「家教」時曾這麼說：

如果說家教有什麼問題，不是關於家教不足的問題，是錯誤的方法、過度的家教才有問題。他們（家長）對孩子一點也不寬恕，熱心於處罰。我遇過最凶惡、殘暴的少年犯，就是小時候受過最嚴格家教的孩子。

秋葉原事件的加害者青年如果沒有過度偏激的家教，也許就不會犯下這個罪行。家教嚴格絕不是不好的事，但如果讓孩子感覺父母管教毫不手軟，就會像一把刀子直直地刺進他們的心臟。

實行嚴格家教的基礎是——讓孩子確實感受到父母給他們的愛與寬容。

青春期挫折症候群

像路上無差別大規模殺人這種連自己的利益都不考慮的凶惡犯罪，是由孤獨與絕望而生的犯罪。孤獨與絕望的感覺將人心碾碎，想把自己的人生與這個社會一起做個了斷。

秋葉原事件的加害者青年說自己是個「手機依存症者」，光是從事件發生前的五月中旬之後，他就在只有手機可以連結到的網站裡發文超過三千次。讀了他的文字，能感受到他強烈地傳達了以下的訊息——我這樣痛苦、這樣被逼到牆角，爲什麼誰也不理解我呢？

他深信自己成績優秀，能從有名的高中畢業，全都是靠父母的力量，所以不是覺得是驕傲的事情，也無法自立。

他也把小學、中學與朋友的往來，忘得一乾二淨。

他在高中遇到挫折，產生無力感及孤獨感，一般來說，這種感覺能隨著成長而被治癒，但他因爲「非出於意願」的工作，反而加深了無力感及孤獨感。因此，他即便客觀上經濟自主，也有朋友，但是心中卻產生了深層絕望及孤獨的黑暗面。

他原本是個優秀的人，國中時的成績是最好的等級，而且，他可不是只會讀書的書呆子，在軟式網球社團裡也相當活躍，還當過校慶的合唱指揮。指揮這個工作應該不可能只是當天的指揮，想必平日練習時也發揮了領導的本事。這樣的少年遇到挫折時，心理上的打擊更是沉重。

心理學稱此爲「青春期挫折症候群」。有些時候，可能會因此不上學或有未到犯罪程度的偏差行爲。心理上，有時會有抑鬱、沒有幹勁、把自己關起來不出門、沒有氣力、家庭內暴力、突發性行爲、只考慮自己而與年齡不相當的撒嬌等退化現象。接著，在不開心的學校生活中，他們可能會失去活動力，甚至失去培養友情的想法。

在變成那樣之前，一直以來發展得很好的孩子一旦碰壁，不管是誰都會受到打擊吧，但不是所有的人都會陷入青春期挫折症候群。大多數人就算暫時在症候群期間稍微走偏了，變得什麼事都不想做，都會慢慢調整回來。

如果深陷青春期挫折症候群，無法再重新站起來，原因就出在親子關係。我看過很多例子，雙親因敏感而過度保護、過度干涉，一直以來替孩子決定所有事情。如此一來，便無法培養孩子的自立性，導致他們沒有排解壓力的能力，無法戰勝青春期的難關。換句話說，他們就是被寵到變得軟弱的孩子。

但算是被寵慣了的孩子，只要相信雙親對他的愛，再接受一些社會化的訓練，一樣可以鍛鍊出堅韌的身心，過不了多久也能戰勝難關。而秋葉原青年的狀況則剛好相反，是有一對嚴格的父母。雖說是嚴格的雙親，但就像剛剛舉的例子，到頭來一樣都沒給孩子自己決定的機會。不同於被寵慣的孩子，秋葉原青年在社會化過程中都表現得不錯，但是他的心理並沒有跟著長大。當這樣的孩子遇到挫折，倒地不起，需要花更多的努力及時間，才能重新振作。

有孩子在遇到挫折的當下，把自己關在家裡、閉門不出，撒撒嬌、要要任性。這時候適當地讓孩子發洩，讓他蓄積能量，慢慢地練習回到社會。就算得稍微繞點遠路，他還是能提起精神走出自己的人生。

但是秋葉原青年沒能這樣，他在網上的發文這麼寫著：「上了國中之後，少了父母的力量，我被丟下了。他們把精神全都放在比我更優秀的弟弟身上了。」

溝通不足導致的憎惡感

弟弟在札記裡寫著：「我感覺到媽媽把期待都轉移到我這裡來。犯人（哥哥）敏銳地感受到這種親情移轉的變化，因此誤以為自己是不被需要的人。」

青年曾經毆打母親，他說：「什麼都優先給弟弟，是想放棄我吧！只想要弟弟就好了，對吧！」

《舊約聖經》裡記述：「該隱非常地生氣，把頭低了下來。」神向因弟弟亞伯被神寵愛著而感到憤怒的哥哥該隱說：「你在生什麼氣呢？為什麼低著頭呢？」但是該隱沒有答話。他為了把弟弟殺死，冷靜地把弟弟引誘到荒郊野外。

實際上，也許青年的母親不過就是無法繼續關心他的功課，所以轉而照看弟弟而已。但是他以為媽媽的愛都轉移到弟弟身上了。就像該隱對亞伯產生的憎恨，青年的心裡是否也湧現了憎恨與憤怒呢？心想，自己什麼都乖乖聽媽媽的話，到今天這個地步，居然還被丟棄。他是不是這樣認爲？

事實上，就算父母沒有差別待遇，沒有特別對誰好，孩子只要一陷入「比起哥哥（或弟弟姐姐妹妹），我都沒人愛」的想法，就會產生「該隱型自卑感」，容易表現出嫉妒、偏激的想法，以及畏縮的感情。

根據心理學者榮格的說法，對兄弟姊妹的這種感情也會投射在其他關係上。在社會各種人際關係中，如果重現同樣的感情，就會再度燃起少年時期的憎惡感。

不被愛著，因此憤怒、埋怨，該隱拒絕溝通。

秋葉原青年雖然會跟母親說話，但是那是充滿憤怒（寂寞）、粗暴而慌亂的喊叫聲。如果他能用普通一點的方式表達心情，搞不好母子間就能交流了；如果他再怎麼不善表達、激烈、難以入耳的話語，母親能好好地理解，也許他的人生就不一樣了。

無法放手的父母

從旁人的角度來看，青年的國中時期過得不錯，但是他心裡已經開始有「某個地方不順利」的不完整感，就算考進青森高級中學這樣的名校，對他來說也不過就是努力讀書的成果罷了。他與朋友的人際關係可能也漸漸有了違和感。

人到了青春期，不只身體成長，在社會層面上也開始被要求獨立，心理則萌生自主的想法。青少年們一邊擺出自以爲是的屁孩態度，也一邊踏出獨立自主的一步。但是因爲經驗不足、力量不足，所以將經歷大大小小的挫折，這時候就需要雙親的支持。

怎麼做才是好的雙親？

根據心理學研究，當孩子還小，「一直緊摟著孩子的感覺的父母」是好的父母。但孩子到了青春期，父母還想一直緊緊地摟著他們，過度保護、過度干涉，就不是好的父母了，那會使孩子感到被束縛，而想反抗。

對青春期的孩子來說，好的父母是——放手讓孩子走出去，然後無論何時都爲他們祈禱的父母。

這時，父母不能再像孩子小時候一樣，什麼都盯著、什麼都出手相助，就算不放心也得忍下來，尊重孩子的自我決定，讓他一個人去做。

青春期總是伴隨著許多失敗，當孩子失敗的時候絕對不要捨棄他，要好好保護他，若能如此，就是所謂好的父母吧。孩子只要感受到父母由衷地爲他的幸福祈禱，就能把那份心情當作後盾，朝著難關勇往直前；而當他遭受挫折，可以依靠父母，並獲得療癒，就能再次出發。孩子長大之後，雖然不能像小時候一樣，整天與父母在一起，但是父母在孩子心裡的分量卻比小時候更重要。

秋葉原青年在那樣的青春期裡，反而感覺到自己被丟棄，父母的愛都朝向弟弟那裡去了。他在青春期遭遇各種挫折，加上被父母捨棄的想法，雙重打擊襲來，便陷入嚴重的挫折體驗裡！

青春期轉變到青年期期間，也許他還有重新來過的機會，但是他一次次失敗了。雖然他考上名校，成績卻節節退步；雖然參加網球社，卻沒能像國中時一樣有傑出的表現（聽說他會獨自對著牆壁練習發球）。與發揮領導能力、十分活躍的國中時期相比，他不管在成績、社團活動或人際關係中都變得不受人注目，是沒什麼存在感的學生。

幾乎所有青森高級中學的學生都會進入四年制的大學，青年也在入學之後，馬上表明希望考取北海道大學工學系。到了入學考試準備期間，即便上不了北海道大學，他也擁有進入其他四年制大學的學力，但是他改變了志願，想去外縣市培養車輛維修專門人員的短期大學（以下簡稱「短大」）。

雖說是自己選擇的志願，但他在短大裡似乎也沒能得到成就感。到快畢業的時候，他又想轉學到四年制的大學，爲此努力準備轉學考，放棄短大裡成爲車輛維修人員的講習課程。結果他轉學考試沒考過，也沒辦法成爲車輛維修人員。畢業之後，他一而再、再而三地換工作。

孤獨與絕望感，加速前進

如果一個人在家裡和家人處得不好，也還有學校；如果在學校不順利，也還有職場。有些學生在學校裡沒什麼元氣，但在打工的地方卻顯得精神奕奕。因爲在學校與在社會裡，對人際關係的想法、需要的能力本來就不一樣。但青年在就職後，也沒能過著充實的生活。他在犯下這起殺人事件前，在網路上發文：

「『我回來了。』我試著朝誰都不在的家說。」

「『安全回家。有人正在等著你。』看到這樣的標語，有種被當白痴的感覺。」

從學校畢業以後，他的孤獨感似乎又更深刻了。在學校的時候，就算孤獨，偶爾也會有來問兩句話的老師；從平日打掃到校慶活動，也有必須與同學一起進行的事情。學校爲學生準備了要拿出幹勁完成的目標及活動，讓學生感到充實，創造很多與其他學生交流的機會。對於人際交往不順利的學生，學校也會做出相應的調整。基本上，學生們可以受到保護、受到稱讚，累積多種經驗。一般孩子在家裡也是這樣被照顧著，長大後進入眞實的社會。而學生走出學校的保護，也必須在眞實的社會裡，靠自己找到值得努力的事情，培養人際關係。

這個青年帶著青春期受傷的心，一直到二十五歲。他雖然反抗父母，但一個人住之後，也沒能享受自由，孤獨感反而更加深刻。

他的感受是這樣的：「雖然進到縣內最好的升學高中，但之後就一直吊車尾，高中畢業至今八年，是不斷失敗的人生。」

他似乎覺得，人生最後的成功經驗是考上青森高級中學。

失去職場裡的聯結

在職場上，青年雖然與正職社員做一樣的工作，仍覺得待遇不好而感到不滿。也因爲不知道什麼時候會被解僱而感到不安。但他最大的問題，與其說是對勞動條件本身不滿，不如說是工作價值不被認同。

《希望格差社會：「人生失敗組」的絕望感造成日本的分裂》（筑摩書房出版）的作者山田昌弘，對秋葉原事件做了這樣的評論：「可能因爲在職場上沒能感覺到自己是被需要的人，產生孤立感。然後，忍受不了對未來的絕望感，而犯下這次凶行。」

從社會意義來看，他絕對不是宅在家裡的那種人。他在經濟上獨立，也有可以談話的對象。但他與家人、職場、社會整體，全部失去心理上的聯結。

人如果只想著自己而活下去，是無法產生勇氣、熱情的。

對家人的愛、喜愛自己公司的態度，這些都不是只爲了對方而存在，也是因爲自己的需要。

有支持自己的家人與同事、有期待自己成長的上司，人們在認可自己勞動價值的社會裡，懷抱著希望及目標，忍受當下的苦悶，甚至找到工作帶來的喜悅。

我發現許多現代的青年都失去了自信，可能也不覺得自己是無可替代的寶貴存在。因此，他們希望做些特別不一樣的事情，總覺得如果不能得到「眞是太棒了」這樣的稱讚，或是做引人注目的工作，一切都是沒有意義的。

幾年前有一個話題，也給我類似的感覺。有幾個人在成年禮當天做出粗暴的行徑。發狂的這幾個人雖然二十歲了，但與他們小學、中學的同年級學生不同，人生發展並不怎麼順利，沒進入能向別人炫耀的學校就讀，後來也沒能順利就職、領高薪，或者做有未來性的工作。在成年禮會場，他們在市長致詞時故意喧鬧起來，並非有什麼政治的企圖。這些發狂的、被逮捕的新鮮成年人說：「沒有什麼惡意，只是想讓儀式熱鬧熱鬧而已。」

做爲一個普通的新鮮成年人，他們想著，如果只是普通地坐在位子上，似乎誰都不認同自己的存在，所以非得做些特別的事情。但是他們的行爲對普通的參加者及社會來說，就是犯罪行爲。我曾經在某電視節目中參與這個話題的討論及評論，節目播放了以前成年禮進行的影片。其中的致詞代表是一位在國鐵養路工程課工作的青年，他在暗夜中揮舞著十字鎬，用現代的說法，那是個緊張（kitsui）、骯髒（kitanai）、危險（kiken），被日本人稱爲3K的工作環境。儘管如此，他們對於自己保護鐵路安全的工作，充滿自信與驕傲。大家也認同他們的工作及存在，給他們充滿溫暖的掌聲。

不管是誰，人從一出生就是無可替代的存在。不管各自從事什麼工作，好好工作是多麼有價值的一件事。現代的年輕人，雖然不是全部，但似乎大多數都忘了這件事。

加害者青年任意地評斷自己就是失敗的一方，失去希望，而後爲了顯示自己的存在，不惜引起騷動，試圖想成爲「特別的存在」。

手機依存症

青年甚至沒能成為網路阿宅。若他能享受虛擬世界、入坑進到二次元的偶像世界裡，也許就不會想破壞現實的世界。他稱自己的狀況為「手機依存症」。的確，從他發文到手機網頁的紀錄來看，早上起床後、上班途中、換工作服、工作休息時間、午餐、回家路上去便利商店買東西時、吃晚餐，他無論何時都在用手機，一直到睡著為止。

根據他接受偵訊時所述，網路交流版對他來說就像日記。雖然像是日記一般，但說他在一天結束後，平靜下來，把一天發生的事情及心情做個整理，不如說他的發文是在吐露每一個當下的感情。

一開始，有人會回應他的發文，但因為他的發言太過消極了，回應也就漸漸地變少。網路上也有因為談論「想要去死」這件事而聚集的人，所以人會被孤立，不是只因為話題灰暗。在他的發言及與其他人的對話中，可以感受到他拒絕別人的氛圍。雖然對他來說，感受到的是自己被排擠。

網路是個對全世界開放的空間，但同時也是一個充滿主觀意見、極為私人的空間。

在網路世界裡，心理學上所謂的「自我揭露」會快速且深入地發展。平常不會輕易吐露的個人隱私，在網路上會一件接著一件地說出來。如果能因此從其他人身上得到共鳴，就會產生友情或戀情，體驗在現實世界裡沒辦法享受到的交流感。但如果被對方拒絕，可能就會演變成「只不過是打開心房，卻得到嚴重創傷」這樣的事情。網路上常發生這種激烈的爭端，有不少人因此情緒不安、犯下罪行，甚至導致日常生活出現障礙。

善用網路的人，能使現實世界的生活更爲充實，但在青年的例子裡，只是徒增孤獨感而已。他說：「我在現實世界裡是一個人，在網路上也是一個人。」

手機依存、網路依存，這不單指使用時間的長短，而是重視網路上的人際關係更勝眞實的人際關係，甚至到妨礙日常生活的程度。依照青年所言，他因爲在手機網頁上被無視，所以才想在現實世界裡做件大事，向網路上的人宣示自己的存在感。這應該是他犯罪的動機之一，而他也爲了給網路使用者最大的衝擊，所以選擇秋葉原這個地方犯案。

在網路上，要說什麼謊言都可以，但這名青年沒辦法巧妙地製造假象，沒辦法自由地在網路世界遊走。

非黑即白，大逆轉的心理

現實世界始終是複雜的，不是小朋友看電視上演的那樣——能明確地區分正義的夥伴與邪惡的傢伙。這世界沒有完美的人，就算是看起來很幸福的人，也多半隱忍著無法對旁人訴說的痛苦。

但是，這個青年將事物明確地、非黑即白地一分為二——不是人生勝利組就是人生失敗組，不是帥哥就是醜男，不是朋友就是背叛者。在生活中，他有能聊天的同事，甚至曾一起去秋葉原玩；也有在網路上認識的女生，見過幾次面。即使這樣，他還是覺得自己沒有朋友、沒有女朋友，沒有人理解自己，將來也不會有。

他對自己的評價、對他人的評價都十分極端，不是零分就是一百分。他說自己在某個時候被裝扮成完美的好孩子，又說這八年來不斷地失敗，說自己是日本最糟糕的人生失敗組。其實，就算在短大時期的朋友很少，但他的成績很好，如果取得資格畢業，一定可以到一流企業做正職工作。這一點，學校相關人士也覺得非常可惜。他不能滿足於那樣的狀況，明明是自己先放棄機會，卻又說自己過著不斷失敗的人生。

在職場上，他絕對不是最被討厭的人；感情上，雖然沒有跟哪位女性發展到男女朋友的關係，但是有一起活動的朋友，所以一般人應該會覺得將來還有機會。但是他沒有這樣柔軟的想法。對他來說，如果不是對自己百分之百理解的朋友，就不算朋友。在現實世界裡，他有認識的人也有朋友，但是心理上始終覺得自己是一個人。他把朋友當成是「表面上的朋友」而已，而周遭的人「全都是敵人」，然後在手機網頁裡寫著：「想要有眞正的朋友。」

就算不是最親密的朋友，我們的周遭也會有平常一起聊聊天的好友。爲什麼我們可以這樣？那是因爲有確確實實愛著我們、包容我們的人存在著，這些存在可能是父母、祖父母，也可能是妻子、丈夫，也許是已經過世的誰，都不要緊。有愛著自己的人存在，有愛著自己的人曾經存在，只要這麼想，就會覺得活在世界上是件好事；只要有這樣的精神基礎，就算與朋友多多少少有什麼不愉快，大致上也能順利地維持人際關係。

但是青年這麼寫著：「孤獨的我，在社會意義的層面上，已經死了。」

只要在最根本的部分感覺自己沒有被愛、沒有被認可、沒有被包容，就會覺得自己被社會全體拒絕。就算現在看起來很順利，卻從來沒有眞正擺脫不安的情緒，不知道什麼時候會被丟棄，所以才會因爲小小的失敗就否定自己的全部。對朋友、對情人，都追求百分之百的包容，而當這樣的願望沒辦法實現時，馬上就陷入絕望。

對自己、對旁人、對這個社會全體都不懷著希望的人，爲了改善現狀、解決問題，往往會把「一次大逆轉」當作目標，而不善於一點一滴地努力，或沒辦法那樣思考。

變成加害者的這名青年曾經對手機網站產生希望，雖然有一段時間覺得不錯，但之後的發展事與願違，他絕望了。雖然有更現實的解決方法，但是他可能誤信一定要做出一番大事，而想到要大規模殺人。

秋葉原無差別殺傷事件的現在與將來

秋葉原無差別殺人事件的加害青年，心裡充斥著挫折感、疏離感、孤獨、絕望、憤怒、憎恨、焦急、自我顯示的欲望等，很多想法翻騰迴轉。

是什麼原因讓他的心變成了那樣？

NHK電視臺在二〇〇八年六月二十日播放特別節目「追蹤・秋葉原路上無差別殺人事件」，以社會學的觀點爲這個事件設了幾個關鍵字，諸如：家族的崩壞、派遣勞動的性質不安、社會的孤立。心理學、醫學、先天性的特徵也會有影響，家庭的問題也是原因。另外，青年是不是有人格上的違常或腦部的機能障礙？這些可能性目前都無法否定，也與學校的體驗、網路上的失敗、職場及現代社會環境等有關。

二〇〇八年七月，青年對犯案的直接動機做了以下描述：

「人生中的憂鬱憤恨累積到一個令人厭煩的程度。在現實世界裡也沒辦法對誰說，因此潛身到網路世界。」

「誰都可以，希望誰可以罩我一下。我在網路世界裡向大家訴說，但是就連網路上也沒人理我。爲了讓大家注意到我的存在，就弄個大的事件……我是這樣想的。」

覺得自己的存在不被認可，這到底是什麼感覺呢？他有得吃、有得穿、有得住、有手機、能上網，也可以租車來開，應該也不用擔心明天太陽升起後就要流浪街頭，飢餓致死。但是，他的存在不被認識，沒有容身之處，就算身體上獲得必要的養分，在精神上卻還是感覺生命受到威脅。那種被追到牆角的心理，使他犯下凶行。

與世界上最貧窮的人一起生活過來的德雷莎修女曾經這麼說：

眞正的飢餓並不存在於印度或非洲那樣的第三世界。眞正的飢餓是在紐約、在東京。覺得不被任何人包容、誰也不愛自己、自己不被需要的悲傷，才是眞正的飢餓。

青年也被這樣的心理飢餓所壓迫了吧？他說：「在現實世界裡弄出一個大事件，給網路上無視我存在的傢伙們一點好看。」在現實生活中，也出現讓青年不安的事件，他說：「因爲公司的工作服不見了，變得自暴自棄。」實際上，好像也沒有馬上要被解僱的事實，但他似乎因爲不是正式被僱用，持續爲生活上的不安而痛苦。

另外，他說在手機網路交流版上預告犯罪一事，也是最後犯下罪行的推手；「因爲在網路上寫下要用車子撞人、要用刀子刺殺人這樣的話，所以覺得已經無法挽回了。」

他說：「跟父母已經斷絕關係。你（偵訊的警察）是第一個這樣好好聽我說話的人。」常常從未成年的非行[1]少年口中聽到類似的話：「如果早一點遇到像警察這樣的人，我也不會做那種壞事了。」

關於犯下的凶行，青年清楚地說自己「是有殺意」。偵訊的警察也判斷他的犯行有計畫性，他也承認是抱著現實感下手的。但是他同時也主張「自己有精神疾病」。罹患精神疾病的理由，起因是小時候被父母說「不需要你」，而感到沮喪。但是精神病、思覺失調症[2]等，基本上是屬於腦部的疾病，不太可能因爲言語上的衝擊而發病。

二〇〇八年七月，東京地方法院裁定將青年留置至十月六日，在起訴前花了三個月的時間做正式的精神鑑定。很多專門學者都判斷他有責任能力。

就法院的立場來說，比起在審判開始後進行精神鑑定，起訴前鑑定更能讓審判迅速地進行。這次逮捕到現行犯，比起案發事實關係，「有無責任能力」更有可能成爲裁判上的爭議點。就這類型的事件來說，甚至有評論者認爲只需要三天左右的起訴前鑑定就足夠，不需要進行正式鑑定。

以刑事裁判來說，有無責任能力的確是很重要的問題，但是從理解這個青年的心理，以防止未來此種犯罪發生的角度來看，我認爲正式的精神鑑定是有意義的。

如果判定他有責任能力，裁判的結果是有罪，根據現行法規，他一定會被判死刑。犯下罪行的人，根據其責任能力，必須負應負的責任。只是，就算判他死刑，逝去的生命也不會再回來。對被害人遺族們來說，長久持續的奮戰也許才正要開始。

爲逝去的亡者祈福同時，我也禁不住祈禱，希望遺族、受傷的人，身體及心理都能得到治癒。逝去的生命沒有辦法再回來了，我們除了思考如何保護直接被害人及其家人之外，還能做些什麼呢？

從秋葉原無差別殺傷事件看到的問題，也存在於往後發生的殺人事件，或許是普通家庭或多或少都看得到的問題。

從現在開始，爲社會、爲每個人的幸福，再進一步思考更多樣化的問題吧。

1 犯罪或類似犯罪的行為，大多用在行為主體為青少年時。

2 日本稱「統合失調症」，臺灣舊稱「精神分裂症」。為了去汙名化，今稱「思覺失調症」。

第二章　「誰都可以」的心理

連鎖殺人事件

秋葉原事件發生之前不久，茨城縣土浦市ＪＲ常盤線荒川沖站發生了路上無差別殺傷事件。除此之外，岡山縣也發生了在車站月臺上將人推落軌道的無差別殺人事件。這些犯人們說著：「誰都可以，就是想殺人。」

對這些事件，秋葉原的加害青年在手機網頁上表達他的共鳴：「誰都可以之類的，我好像也懂那種感覺。」

JR荒川沖站殺傷事件

事件發生在二〇〇八年三月二十三日，JR常盤線荒川沖站，一個兩手各持菜刀及藍波刀的男性，在短短十八分鐘內刺殺了八個人，其中一人死亡。

被逮捕的是一名二十四歲的男性，平時做兼職打工。他在犯下本案的四天前就已經犯下另一起殺人事件，正被通緝。警察在前一天還接到他類似嘲弄的電話，那頭說：「快點來抓我看看啊！」因爲有這通電話，警察事先在荒川沖站配置了員警。不只這件路上無差別殺人事件，幾天前犯下的那件殺人案，他也不知道被害人的名字。

他說：「誰都可以。」

他是家中四個孩子的長男，父親是外交部非永業職員[1]，也曾在國外領事館工作。他年幼時曾隨父親赴任海外，在美國路易斯安那州生活。

他小學、中學的同學對他的印象都是「認眞、文靜」。他中學時過得也不錯，曾經說將來的夢想是「要做能夠幫助人的工作」。但高中升學考試似乎成爲他很大的難關。他的母親熱心地到幾個升學率很好的高中參觀，他也念書念到半夜，但最終還是沒能考上第一志願的高中。他曾經向朋友吐露：「被父母罵了。很累。」

後來，他進入市內中等的私立高中，社團活動參加了弓道社，還曾打進全國大賽。高中的老師形容他是「一步一腳印，很努力的學生」。不過，同屬弓道部的畢業生說他從不參加社團活動以外的聚會，畢業後也不曾參加校友會。他的朋友說，曾經看過他對著河裡的鴨子射箭。某個同學在接受媒體訪問時這樣形容他：「他像空氣一樣，沒有存在感。」

他在高中三年級的暑假退出弓道社後，突然失去了幹勁，沒什麼精神，狀況日益明顯。後來，他改變原本的畢業志願，從升學取向轉為就職取向，但遲遲沒辦法決定畢業後要去哪裡就職。當同年級的同學一個個決定畢業去向後，在那樣的氛圍裡，朋友曾經聽見他寂寞地說：「如果三年級可以再重來一次的話……」

最終，他雖然決定就職，但是理想的公司職缺需要具備駕照，而他沒能取得，因此在就職考試中落選。

他放棄再找工作，開始打工生活，只要累積一定程度的錢，就把自己關在家裡。他房間裡累積了一百種以上的遊戲軟體，還在二〇〇三年參加秋葉原舉辦的關東地區遊戲大賽，得到亞軍。雖然他用這樣的方式顯示出有才能的一面，但對工作卻還是一樣消極，從二〇〇八年一月開始，就連打工也完全不做了。

在他辭掉打工那年的一月五日，東京都品川區的戶越銀座商店街，發生了高中二年級學生斬殺五個行人的路上無差別殺傷事件。這個犯案少年也說：「誰都可以，想把大家都殺光。」少年曾經是成績優秀的模範生，之後經歷挫折，從白天上課的高中轉學到函授制的高中。少年在逮捕後接受精神鑑定，結果判斷他的精神狀態有「無法理解他人情感」的問題，因此將他送到能進行精神科治療的醫療少年院。

根據偵查荒川沖站路上無差別殺人事件的相關人士所言，加害者的家人們不會一起吃飯，家人甚至不知道他的手機號碼。以前當然有一起吃飯的時候，但後來母親用大鍋煮飯後，家人就各自在喜歡的時間吃飯，變成自助餐的形式。

根據朋友所述，他與家人完全沒有對話。在他小時候，家人間的感情還不錯，但是之後卻不再關心彼此，各過各的日子。他的父親也說：「已經好多年沒有跟兒子說過話了。」他不上學、不工作也不嘗試找工作，更沒有接受職業訓練，這樣的他在這個崩壞的家庭裡，到底在想些什麼呢？

兩個妹妹中比較大的那一個沒有上高中，說想成爲聲優。他似乎很不喜歡這樣的妹妹，曾說：「無法原諒對媽媽頂嘴的妹妹。」犯下本次事件前也曾怒罵她：「不要整天游手好閒，快點去找個工作！」他接受偵訊時說，這次犯行一開始設定的目標是妹妹。可是下手那天，妹妹不在家，所以才把目標改成小學母校。但那天是畢業典禮，人太多了，所以又放棄。

無法回應優秀父母期待的他，可能因此憎恨自由自在的妹妹，可能也鑽牛角尖地認爲，自己現在之所以這麼沒用，都是身邊人的錯。

一月辭去打工之後，他在自己房間的牆壁寫上一個紅色的「死」字，買了刀子。然後用自己兩支手機的其中一支傳簡訊到另外一支，寫了「我是神」、「我所做的就是一切」、「想對自己做一個了結」。

被捕後接受偵訊，他說：「被爸爸說，都二十四歲了，不要整天閒晃，因此累積了鬱悶、憤怒。爲了從這種不愉快的心情中解放，所以想殺人。」「誰都可以，就是想殺人。多殺幾個就能被判死刑了。」也反覆地說：「那時眞的想死。」

偵查員警問他爲什麼想死，他靜靜地說：「因爲這個世界太無聊了。」

犯人有一位優秀的父親，以長男的身分出生，備受期待地長大。犯人本人也十分優秀，但當他沒辦法如願地進入理想的學校、沒辦法如願地大展身手，就漸漸地變得沒有幹勁了。他沒從這樣的青春期挫折中再度站起來，出社會後沒能過著充實的人生，過去感情很好的家人也變得四分五裂，再加上因爲就職之事被父母反覆催促，就在這樣的心境中犯下罪行。

事件發生後，精神科小田晋醫師以一般論來談，認爲：

一般來說，路上無差別殺傷事件，發生在妄想及幻覺症狀開始出現的思覺失調症初期階段，因爲衝動而引起的事例較多。但是，從他挑撥警察的行爲看來，有可能是因爲他想引起人們的注目才犯下這起案件。

同樣是精神科醫師的福島章醫師認爲，由以下幾點看來，他應該有責任能力；一、沒有看診紀錄。二、到最近爲止都有在工作。三、犯罪後逃亡。四、有計畫性的犯罪。

二〇〇八年七月，他接受了爲期三個月的精神鑑定檢查[2]。

ＪＲ岡山站月臺推人落軌死亡事件

二〇〇八年三月二十五日，一名從大阪來的十八歲少年，將一位正在ＪＲ岡山站山陽線月臺等電車的男性，從背後推落軌道。男性因此被電車輾過而死亡。這位被逮捕的少年也說：「想要進監獄。至於要殺誰，誰都沒差。」

這一年的一月五日，品川區戶越銀座商店街發生了無差別殺傷事件；三月二十三日，又發生衝擊世人的ＪＲ荒川沖站八人殺傷事件，而這次推人落軌死亡事件就在兩天後發生。（三個月後，發生秋葉原無差別殺人事件。）

推人落軌死亡事件的犯案少年，其家庭原本是自營商，在一九九五年發生阪神淡路大地震時受災，自家倒壞，自營業沒能再做起來。一家人背負著借款，四處搬家。少年犯案時，父親是派遣社員，母親有份兼職工作。

父親對少年的教育十分關心、積極，代替在數個超市兼職打工的母親照顧孩子，連餐點都由他準備。孩子長大一點後也一樣。父親在週刊雜誌採訪時這麼說：「教育孩子的事情，我可不讓我老婆插嘴。」「一直以來，我都認為必須好好地教育孩子。」

少年在小學、中學時期遭受霸凌。中學時，因爲身高一百八十公分、體重一百公斤的龐大身軀而被取笑。少年被霸凌時，父親十分擔心，還曾請假陪在他身邊，工作結束後一定打電話給他，問他什麼時候回家。少年除了因校外教學等活動而外宿，其他日子都與父親同房就寢。中學一年級時，因爲他被欺負的事情，父親還到學校抗議，在當事人雙方都在場的情形下進行對談。

少年的夢想是製作可以幫助人的機器人。以他的學力，被推薦到國立大學是沒問題的，但他因爲家庭經濟因素，放棄升學。其實他可以取得獎學金而升學，但是他當時認爲借錢是不好的事情[3]，決定先工作存錢，再準備考試。因此，他所謂的就職也只是做個幾年，如果進大學的話就會辭職。所以當他被高中推薦到某公司工作時，因爲覺得會給學校添麻煩，硬是推辭了。

就在沒有決定要到哪裡就職的情況下，他高中畢業了。犯案前一天，他與父親一起到公家的職業介紹所，選出來的公司全都在不必花交通費就可以到的地方。那天晚上與父親對話後，他一心以爲父親覺得他沒有希望了，所以決定不繼續這樣待在家裡。不過根據父親的說法，他們那天並沒有什麼特別的對話。父親說，可能因爲說了「就職的事情慢慢找就好了」這樣的話，讓他誤以爲自己被捨棄了。

犯案當天早上，少年在送父母出門上班後，往岡山站的方向去了。他接受偵訊時說：「只要殺了人就可以進監獄，隨便殺誰都可以。」「因爲覺得被爸爸拋棄了。」「到了岡山站，吃著熱狗的時候，決定用電車輾過人的方式殺人。」

少年的律師在記者會上轉述少年說：「覺得爸爸放棄了對我的期待，所以決定離家出走，殺人進監獄。」

少年被逮捕後，爸爸去看他。對這個爸爸來說，根本想不出兒子的犯罪動機是什麼。「盡量每天都去見他，希望能問出他眞正的心情。」跟父親見了面的少年說：「對不起。」「我以爲你不要我了，不會來看我了。」接著就哭了出來。

少年在起訴前接受了簡易的精神鑑定，診斷出發展障礙，在建立人際關係方面有困難，是廣泛性發展障礙（自閉性障礙）的一種，也就是「亞斯伯格症」。這件事通過律師發表，而兼任少年輔佐人的律師說：「雖然不是在簡易鑑定中可以明確判斷的事，但在會面時，我也感覺我的當事人肯定有發展障礙的傾向。」

律師認爲少年的知識水準很高，但是以其年齡來說，溝通上有違和感，所以有必要分析他的成長等經歷。因此向家庭法院聲請正式的精神鑑定。二〇〇八年七月，他接受了正式的精神鑑定。

誰都可以，拜託來愛我

殺人動機最多起因於惡化的人際關係，導火線是憎恨、憤怒的情感，這樣的殺人案件常發生於深厚的人際關係之間。第二多的殺人動機則有以下其他目的，譬如以金錢爲目的的強盜殺人、爲消滅目擊證言而殺害目擊者，這往往有特定的被害者，例如有錢人，或目擊某個犯罪行爲的人。

但「快樂殺人」、「路上無差別殺人」，是「誰都可以」的殺人。因爲不知道誰會被襲擊，所以引發社會嚴重的不安。殺人是一種極端的行爲，卻說「誰都可以」，普通人怎麼想也想不透吧。

因殺人而產生快感的人會做出「快樂殺人」的行爲，被害人只是犯人得到快樂的道具。因爲只是道具罷了，所以誰都可以。無差別殺人的殺人犯，有些誤認自己的境遇比實際還要悲慘，所以對把自己搞成這樣的社會進行復仇。在這樣的案例裡，憎恨的對象不是特定個人，而是整個社會，所以只要是看起來很幸福的人，殺誰都可以。

現代的單獨無差別殺人犯，在社會上都沒有什麼人際關係。因爲經濟變得富足，所以不必維持麻煩的人際關係，也可以過日子，這就是所謂的「現代」吧！

人變得富足是很好的事情。而一個人玩電玩也很愉快啊！但其實我們的心與以前相比，沒有太大的變化。就算是看起來很孤僻的年輕人，心底其實還是追求著可以互相理解的朋友。只是因爲害怕傷害別人，也害怕被傷害，所以不太容易發展出深厚的人際關係。

秋葉原事件的青年在手機網頁上這麼寫：「與人交往過深，因怨恨而殺之；太過孤獨，則無差別殺之。眞是難啊！」

人際關係不順遂的人不太懂得如何拿捏與人相處的距離。有時會因爲太過接近而被討厭。這時可能就會覺得被信賴的人背叛，因而感到絕望，也有些案例在人際關係受傷之後就遠離人群，最終輸給了寂寞。

就算是看起來喜歡獨自一個人的人，也未必眞的不需要朋友。或許就是因爲非常想要朋友，但卻得不到，所以才覺得，比起狠狠被傷害，還不如一開始就放棄希望、放棄機會。

就像秋葉原事件青年所說的，如果跟哪個人建立個人與個人的人際關係，但因爲自己的人際關係能力很差，某天一定會決裂，又因此湧起殺意。不斷重複那樣的想法後，逐漸使得人際關係疏離，最後覺得自己會變成這樣都是社會的錯，因此抱著殺意，憤恨不特定的多數人，因孤獨而想無差別地殺人。

說著「誰都可以，就是想殺人」，犯下殘虐的無差別殺人案件的犯人們，其實內心可能曾經祈禱著：「誰都可以，拜託來愛我。」

秋葉原事件的青年曾經這麼供稱：「誰都可以，希望有誰可以罩我。」

正是因爲太過強烈深切地希望誰來愛他，當這個期望無論如何都沒辦法被滿足時，他便陷入絕望的深淵。這個時候，心裡可能就會出現「誰都沒差」的殺人想法。

美國維吉尼亞理工大學校園槍擊案

在可以合法擁有槍枝的美國社會，發生青少年犯下的校園槍擊事件。二〇〇七年，州立維吉尼亞理工大學，有三十二人遭到射殺，犯人也自戕。犯人是這間大學的學生，是從韓國搬到美國居住的二十三歲男性。據說，他幾乎沒有朋友。

他頭腦很好，外表看來是個普通的青少年，但是個性偏執，有著強烈的孤獨感、疏離感，對現狀不滿，也對於被嘲笑、被欺負之類的事情十分敏感，對社會現實感到不公平，並熱衷於暴力性、神祕學的思想。他因爲沮喪導致判斷更加扭曲，認爲人生已經沒有生存下去的價值，然後就殺死自己、殺死他人。他正是典型的校園槍擊殺手。

犯罪聲明中提到：「我是像摩西那樣的人，將紅海分開，導引人們。」「像耶穌基督那樣死去。」「你們想要的東西我全都擁有。」「是你們把我弄成這樣。」他指責周遭的學生們，抱持著強烈的被害者意識，同時把自己視爲英雄，將犯行正當化。

他自稱「以實瑪利」。

以實瑪利是《舊約聖經》裡的人物，是亞伯拉罕與女僕生下的孩子。在亞伯拉罕的妻子生下孩子後，以實瑪利便流落荒野。在西歐，以實瑪利時常被當作孤獨流浪者的象徵。但同一所大學的韓國人基督徒社團負責人在接受訪問時說：「我連他的臉都沒見過呢。如果認識他的話，多少能成爲他的力量也說不定……」就像秋葉原的青年供稱：「在網路上寫了很多，但是誰也不理我。」「本來希望看到的人能阻止我犯罪。」

曾有心理學家說：「要讓抱持殺意的人眞正下手殺人的方法，就是誰都不要去跟他搭話。」現實生活中，就算周遭有人尋求幫助，我們也常常沒有意識到。

《舊約聖經》裡，在荒郊野外快要死掉的以實瑪利跟母親，因爲被神打開眼睛而找到了一口井。然後，以實瑪利受到神的保護，成爲阿拉伯人的祖先。

好帶的孩子更需要注意

孩子有好帶的、有難帶的。好帶的孩子很好入睡、好起床、有食欲、有笑臉，從大人的眼光看來是很好照顧的孩子。難帶的孩子難入睡、難叫醒、半夜大哭、不怎麼吃飯、常生病、不聽話，或做一些大人無法理解的事情。

在大多數狀況中，孩子比較難帶的父母比較容易因照顧小孩而煩惱。不過，只要不是什麼特別的疾患，比較難帶的孩子長大之後，也不需要再擔心什麼。但前提是，雙親不責備自己、不責備孩子。如果責備自己或孩子，在照顧孩子這件事情上就會不順利，可能留下什麼後遺症。

不要讓母親一個人獨自努力。在父親及周遭的人幫助下養育孩子，就算是比較難帶的孩子也能好好地成長吧。

愛迪生與愛因斯坦算是相當有個性、不好帶的孩子，但他們得到父母的理解，得以發揮長才。雖然是看似理所當然的事，我還是必須說——認知孩子是不好帶的孩子，與孩子相處保持餘裕，十分重要。

好帶的孩子如果身心健康、無風無雨地成長，就會成爲優秀的大人吧。好帶就令人安心。但有時候，父母會因爲孩子好帶想偷懶省事。這麼一來，孩子就感受不到雙親的愛而覺得寂寞。

二〇〇四年，九州佐世保市發生了一件小六女童殺人的事件，直接的殺人動機是網路上的爭吵。加害女童過去被認爲是一個很好帶的孩子，但精神鑑定發現，她有難以關心他人的特質，也難以將細微的感情言語化。也就是說，她其實是個需要被特別照顧的孩子。

我的祖母曾經這麼說：「越是不需要費心照顧的孩子，越是應該費心對待。」這是所謂「老奶奶的口袋知識」吧！以現代心理學來看，眞是一句非常有道理的話。

父親的職責、母親的職責

《週刊AERA》二〇〇八年八月四日號，列出最近發生的、與父親有關的少年凶惡事件，製作成「連續不斷的未成年凶惡犯行　孩子們崩壞的元凶——父源病」特輯。二〇〇八年七月發生的八王子路上無差別殺人事件，據說加害者的父親沒有好好聽孩子想跟他商量的事。同一個月發生的東名高速公路劫持巴士事件，犯案的國中生說想要讓雙親爲難、困擾。各式各樣的事件裡，過度嚴格的父親、過度干涉的父親、無視孩子的父親，被孩子們如此評價的父親們一一登場。社會曾關注過「母源病」這個詞，但是把責任全推到母親身上是不對的。在現代社會，父親的問題反而更大也說不定。

在雜誌特輯中，舉出了幾個容易出現問題的父親類型，譬如「高壓上司型」、「朋友型」、「無關心型」，介紹各種類型的父親與孩子的煩惱，解釋其不同成因。有父親太沒用而把家庭搞壞的例子，也有把父親太過理想化而造成問題的例子。到底該怎麼做才好呢？

大部分父親都期望自己能成爲一位好父親，但也有一些父親把忙碌當藉口，逃離教養孩子的任務。另外，也有依照妻子指示擔任育兒助手的父親，但以一位父親來說，那樣是不夠的。

就生物學來說，因爲母親產下孩子而成爲家族；而就心理學來說，家族的開始起於父親宣示某人爲自己的家人。「在這裡的各位都是我的家人！不管怎樣的危險排山倒海而來，我都會負起責任，保護大家！」如此強力的宣言，不就是身爲父親的職責嗎？

關於父親與母親的職責，原則上來說，母親有「連結的職責」，父親有「切割的職責」。母親說著：「那樣就可以了。」給予餘裕；而父親說著：「不這樣做是不行的！」立下規則。但是根據調查，目前養育孩子的實際狀況是，母親擔任「現實」的角色，而父親擔任「遊戲對象」的角色。母親幫孩子洗澡，而父親在浴缸泡澡與孩子遊玩。而且從母親的角度來看父子的遊戲，有時候會覺得玩過頭了。

母親花費很多時間與孩子相處，照顧孩子，所以會有疲憊的時候吧。有八成育兒中的母親曾經對孩子感到焦躁。這時候就輪到父親上場了！

對照顧孩子感到愉悅的母親，大多數都有丈夫幫忙照顧孩子。更進一步地說，就算丈夫沒有具體地幫忙照顧小孩，只要夫婦間有充分令人滿足的對話，妻子也會對照顧孩子感到幸福。

在積極育兒的父親裡，有些人會批判因育兒而感到苦惱的母親。但是做這種事情只會加深妻子的孤獨感，沒有任何幫助。神學家赫斯博曾經這麼說：「父親能夠給孩子最好的東西是什麼呢？就是好好地愛孩子的母親。」正因爲得到丈夫的愛，母親才能夠溫柔地對待孩子。不過，丈夫也不是說愛就能愛，妻子也必須做到被愛的努力。

父親面對青春期孩子應有的態度

終於到了青春期，就是孩子離開雙親的時期了。一直被母親抱在懷裡的小雛鳥，正準備展開雙翼向外飛去。有些母親因爲不想讓孩子逃走反而抱得更緊，孩子因此感到壓抑而暴躁起來，成了家庭的危機。

負有「連結職責」的母親，有時會因「抱得太緊」而失敗。這時候，有「切割職責」的父親就要出場，給個建議：「讓孩子一個人決定吧！」

只是，父親有時候也會因爲過度切割而失敗。當孩子遭遇挫折，父親像是捨棄孩子般，表現出「這事我可不知道」的態度，或是說出「看吧！我早就跟你說過了」這種粉碎孩子自尊心的話，會導致孩子無法重新振作。

孩子期望著從母親那裡得到無條件的愛，從父親那裡得到認同，希望自己在父母眼中是個可愛的女兒、優秀的兒子，希望自己是父母可以對外炫耀的兒女。有許多犯下弒親罪的少年，都覺得自己被父親侮辱。

在孩子成長的過程中，除了母性以外，也需要有父性般的強勁接觸與關心。如果父親失去氣力的話，會變得怎樣呢?在孩子犯下凶惡犯罪等重大問題的家庭裡，常看到「無力父親」的類型。

首先，是明明在又像是不在、沒有存在感的父親。還有就是一看就覺得氣場很弱的父親，必須說的事情卻說不出口。另外還有一種父親，看起來好像很強悍、社會地位很高，但是什麼都不說，只會叫孩子讀書，或淨知道給錢。典型的「無力父親」心裡只想著工作與小三，夫婦關係冷淡，不關心孩子的教育，完全無法依靠，也別說什麼切割的職責了。這麼一來，感到不安的母親就會轉而密切地注意孩子。孩子像是要被母親吞噬而感到不安，爲了得到解放而爆發情緒。

另一方面，就算父親想證明自己的存在感，要是沒有餘裕，就是只靠蠻力在支配孩子。這樣的父親誤解了「強壯的男人」、「父親的權威」這類詞彙。他不認同孩子的優點，沒有道理地發怒謾罵，甚至動粗。有些案例的孩子因爲不被認同，誤以爲自己是沒有用的人，不斷地犯下非行。

再者，有知識、頭腦又好的父親，也是有無法盡其職責的人。雖然他說出來的話完全正確，但是無法營造帶有感情的溫暖人際關係。家裡像是有個老師、牧師或醫師，從事著日常的業務一般。在這種狀況下，有些案例中的孩子雖然乖巧聽話，但心底煩惱活著的痛苦，而逃進幻想的世界。

正如常言道，外科醫師沒辦法爲家人動手術，老師沒辦法冷靜教導自己的孩子。不管是多麼優秀的男性，在家裡就是一位普通的父親，有時候會犯錯、有時候會漏氣、慢半拍，我認爲這是一件好事。孩子最需要的不是什麼理論派的專家，而是認眞地斥責、眞心地擁抱、爲自己流淚、爲自己祈禱的父親。

對教育孩子過度熱心，壓力給得過多，反而使孩子窒息。對孩子抱有過大的期待，卻對他的弱點、缺點置之不理，孩子爲了得到父親的認可拚死地努力，但自尊心過高，沒能培育出自信，一旦在青春期遭遇挫折，想要重新振作就很困難。

根據心理學的研究，如果父親能強力、溫柔且愉悅地發揮父性，母親的母性會同時成長，而兒子會把父親當作人生的模範，女兒也會因爲得到父親的認可，健全地長大。

不過，也有一些父親，因爲沒有受到自己父親的照顧，不太懂得怎麼做一位父親。再者，也有一些父親因嚴峻的社會情勢，在精神上被逼得走投無路。

即便如此，孩子還是需要父親。對於懷抱著感情卻不知如何表達的父親，請母親們下一點工夫，多爲父親增加與孩子相處的時間。根據調查，與父親接觸機會越多的孩子，越覺得自己的父親知識淵博、爲人溫厚、從事很出色的工作，很酷。而人呢，只要被別人認爲是那個樣子，實際上就會往那個方向去。用這樣的方式，使得父親與孩子互通心意，然後在此基礎上，父親達成了切割的職責，使孩子朝獨立的方向成長。這就是父親該有的樣子。

「希望誰來罩我一下！」「希望誰來愛我！」人會這麼想，是理所當然的事。孩子「希望誰來愛我」的想法，必須從小就因父母的愛而得到滿足。這樣一來，可能就不會到長大之後還說出「希望誰來罩我一下」，這種像是小朋友會說的話。

正常的孩子雖然心底想著「希望誰來罩我一下」、「希望誰來愛我」，但也不會像幼兒一樣要脾氣。因爲心中有了被愛著的安心感與餘裕，以此爲後盾。如果希望加倍被愛、加倍受到注目，有時候就得學著忍耐，並且更加努力，爲人群、爲社會盡一份力。

父親的職責是與母親共同合作，教育出可以爲人們效力、獨立自主的孩子。這件事情並不是爲了這個社會而做，是爲了孩子，讓孩子成爲爲人群努力的人，讓孩子變成一個幸福的人。

過於優秀的家庭也會出問題

我寫《爲什麼少年會誤入犯罪之途呢？》（《なぜ「少年」は犯罪に走ったのか》，ＫＫベストセラーズ出版）這本書時，是二〇〇〇年的秋天。那一年也發生多起由少年犯下的凶惡事件，成了重大的社會問題。

犯下愛知縣殺害主婦案件的十七歲少年說：「想要體驗殺人的感覺。」

犯下佐賀縣劫持巴士殺人事件的少年，十七歲。

岡山縣用球棒殺害母親的少年，十七歲。

大分縣殺傷鄰居六人的少年，十五歲。

以上全都是動搖社會、衝擊人心的事件。

科學警察研究所的研究者小林壽一教授，分析了二〇〇〇年「致人於死案件」（殺人罪、傷害致死罪等）的少年嫌犯，一共二百零一人，於二〇〇六年發表[4]。

根據這項調查，二百零一位少年中，有七十三位既沒有偏差行爲，也沒有被輔導的紀錄；沒有因偷竊被逮捕過、沒有因爭吵被輔導過。這樣「普通」的七十三名少年，突然在某一天因爲殺人而被逮補。

以犯罪動機來區分，因「殺人願望」（並非以金錢爲目的，或是對被害者有恨意、怒氣，而以「想要試試殺人」爲目的）而眞的去殺人的人有六人。而以「追求快樂」（對於給別人帶來痛苦一事感到快樂，譬如襲擊遊民的事件）爲目的有十人。其他因爲一般動機而殺人的有一百八十五人。

以「殺人願望」及「追求快樂」爲目的的犯人們中，會反省犯行的人很少，反倒是對殺害行爲有確切態度的犯人，反省的比例較高。

根據這項調查，沒有非行及被輔導紀錄的「突發型」加害少年裡，有百分之三十二的人曾有過被霸凌或被父母虐待之類的被害經驗。（有偏差行爲紀錄的少年裡，有此種經驗者占百分之十四。）再者，因殺人願望而動手殺人的少年中，有八成曾經有閉門不出等孤立的經驗。（因其他動機殺人的少年裡，大約有一成有此經驗。）

關於犯行前的特殊行動，有殺人願望而動手殺人的少年，約半數在犯行前受到獵奇書籍或恐怖影像的某些影響。另外，這種類型的殺人者，有半數曾有可疑的言行，譬如在犯罪前預告殺人，或是暗示即將犯行。（其他少年殺人者幾乎不會這麼做。）

少年殺人者中有三分之一是「突發型」殺人。導致他們動手的背景形形色色，但典型的特徵就是有被害及孤立的體驗，他們心中有煩惱，雖然表現出來卻沒能解決。

對以上特徵做個整理，這些少年多半沒有犯下什麼非行，突然選擇殺人是因爲「想要殺人」而動手，三分之二有孤立及被害的經驗。而且對獵奇性質的東西及恐怖的作品感興趣。另外，其中三分之一不是學生也不是公司員工，而是所謂的無業青少年。

四種「機能不全家族」的類型

曾任家庭法院調查官的心理學者橋本和明教授，在考量少年非行與家族關係的前提下，把家族機能不全的狀況分成「欠缺自信」、「客觀評論」、「逃避責任」、「欠缺常識」四種類型。

欠缺自信類型：父母無法充滿自信地訓斥小孩。
客觀評論類型：父母親無法打開心房面對孩子，卻化身成評論家般的第三者。
逃避責任類型：父母雖然思考孩子的事，卻沒能感受到社會責任，只是一味逃避。
欠缺常識類型：常識上來看應該訓斥孩子、應該擔心的言行，父母卻對其無視、默認，缺乏常識。

我和各式各樣類型的家族見過面。也有在孩子面前畏畏縮縮、沒有自信的父母。這樣的父母雖然擔心孩子，卻沒辦法強而有力地發言，甚至讓人感覺害怕小孩。

也有冷靜、頭腦又好的父母，有能力又有愛，全力以赴，但對表現愛卻很不拿手，無法擁抱孩子、無法流著眼淚訓斥孩子。取而代之的是向孩子「解說」，以心理學報告來說可能是可以拿一百分的報告，但那並不是孩子所追求的。

我也遇過「就算孩子做了什麼壞事，也沒辦法承認孩子做錯」的父母。孩子因爲偷竊被帶到警察局接受輔導，父母來接孩子，卻生氣地說：「只不過偷了個麵包之類的，不需要鬧到這麼大吧！」或是丟下一句話：「賠錢給你總可以了吧！」這樣的行爲是對守護孩子這件事有所誤解。

完全相反的，也有父母在孩子受傷後不帶他去醫院，或是當孩子沒跟家裡說一聲就外宿，既不擔心也不責罵。從一般人的感覺來看，只能說他們是在正常軌道以外的父母。

英國寫實作家，同時也是成人教育專家的凱洛・安・戴維斯，在他的著作《少年們爲何殺人？》（日譯《少年達はなぜ人を殺すのか》，文藝春秋出版），列舉英美十三名少年殺人犯的案件。這十三個少年都是遭受嚴重虐待的經驗者，其中也有從外表看不出來的案例。調查的結果，有身體上的虐待、性虐待、被棄養等悲慘的受虐經驗。歐美國家這樣的案例頻傳，乃至發展成社會問題，他們是「有虐待狀況的機能不全家庭」所產生的少年犯罪者。

不過日本的狀況並非如此。犯下「突發型」犯罪的高材生、說著「想要試試殺人這件事」的殺人青少年，可能都是普通家庭的孩子，甚至可以說，是比普通還要好一點的家庭的孩子。

有一個少女，她有一個很棒的家庭。如果能在這個家庭找出什麼問題的話，誇張一點來說，日本全國每個家庭可能都有問題了。溫柔又體貼的父母，經濟上也有餘裕，有愛、有能力、有元氣又有社會常識，規規矩矩、完美無瑕。但是那個孩子說自己是世界上最不幸的孩子。這讓人覺得，或許對孩子來說，父母多少要有一些缺點。

教育孩子、訓練孩子絕對不是什麼壞事，是好事。可是在教育、訓練的同時，絕對不可以忘記的是「就算達不到目標……」這件事。

努力成為醫師吧！但「就算達不到目標」，還有很多路可以走；「就算達不到目標」，爸爸媽媽對你的愛也不會因此而變少。我認為，將這樣的心情傳達給孩子，才是父母最應該做到的事情。

少年犯罪者，追求愛

人是因母親及父親的存在而來到這個世界。人要健全地長大，同時需要母性及父性的作用，即使只少了一邊，也可能促使青少年走向犯罪。

少年犯罪者裡，有一些案例欠缺母性方面的照顧。在嬰幼兒時期，透過母性方面的照顧得到滿滿的愛，對孩子來說是非常重要的事。一個人如果沒有愛及被承認的基礎做後盾，便沒有辦法控制自己的衝動；一個人在真實地感受到自己被愛、被承認之後，才會懂得忍耐。

非行少年們沒有從父母那裡得到充分的愛，所以不管長到幾歲，總是不斷渴求父母的愛。其實他們只要直白地表達需要被愛的渴望即可，但是他們表面上總是假裝不需要被愛。他們在熱烈追求愛的同時，卻不知道如何得到愛，是不得要領的孩子們。

這不能完全責難母親。母親本身在嬰幼兒期時，其依存需求可能也沒有被滿足，也存在著沒有被愛的糾葛，導致她沒辦法給孩子充分的愛，沒辦法給孩子適切的教導或限制。

另一方面，在少年犯罪者中，也看到他們欠缺所謂父性方面的「嚴格」。他們被父母寵溺，不懂得忍耐，欠缺自我限制，到了青春期開始有困擾。父母這時不再像小時候一樣寵溺，開始想限制或處罰他們，這時他們就會反抗了。父母若是再施加壓力，親子關係便會惡化，導致孩子走向非行。

沒有受到父性方面的教育，便無法培養堅實的自我，個性上無法堅持。另外，也會對不是發自內心的斥責感到不滿。當發現沒有人發自內心地斥責自己，便覺得自己沒有人愛。

有些孩子在無意識中想要挨罵，因此走向非行。

雖然需要母親及父親的機能，但也不是說絕對不能欠缺一方。在單親家庭裡，一個人得扮演兩個角色，這是很辛苦的，但是過了一段時間，孩子也會理解。

孩子最不能忍耐的反倒是「明明存在，卻像不存在」的父母，常看到的例子是「太靠近的母親、太遙遠的父親」。父親因爲工作或搞外遇，一心想著家庭以外的事情。這麼一來，母親就會感到不安，因此異常強烈地追求孩子的牽絆，覺得「只有這個孩子，是我活下去的理由」。

父親沒有負責扮演好他的角色，只是給錢的存在，或只會叫孩子去念書。有這種太遙遠而無法依賴的父親，與心房被侵蝕的母親，少年想要自立卻受到阻礙，便開始製造問題行爲。

對家人下手、對社會下手

弒親，在先進國家中等階級以上家庭的案例並不少見。正因爲是優秀社會裡的優秀父母，給了孩子過多的壓力。孩子在被父母吞噬般的不安中，無法靈巧地反抗，也無法建立溝通的橋梁，誤以爲如果不把父母殺死，就無法獲得解放、得到自由。就好像要放下一顆在自己頭上的巨大岩石，卻不懂得悄悄地放下它，卻一個勁地猛然丟下，像是用炸藥似的。

在弒親的案例中，有所謂殺害凶暴父母及具有暴力性父母的「殺害暴君型」。以前案例裡的對象包括性虐待等眞的做得太過分的父母。但最近的案例，對象是對學習及要求幫忙家事過度囉嗦的父母。

有些少年雖然不是對每一個家人都感到憎恨，卻想把家人全都殺光。因爲就算是看起來很溫柔的祖母，終究還是「父母那邊的人」，也會給自己帶來痛苦。

殺害家人的人並非單純地討厭家人，反而是和家人的距離太近了，既不善於吵架，也沒辦法離家出走。如果父母在很遠的地方，還不會因爲覺得被吞噬而感到不安吧。而殺害兄弟，也是因爲爭奪父母的愛，或是要殺死讓父母困擾的「不良兄弟」。

二〇〇〇年，發生以球棒殺害母親的事件。少年誤以爲自己失手殺了朋友，覺得不能讓最愛的母親成爲殺人犯的母親，因而殺了她，這是「愛他型殺人」。

二〇〇八年七月，琦玉縣川口市發生國中女生刺殺父親事件，少女接受偵訊時說：「一直以來，對所有事情都覺得很煩，爲人著想而活著是很累的，所以想把家人殺死，自己也自殺。」

上述事件可以說是「家人間強迫自殺」的變形，父母親會因爲這樣的動機殺死孩子，孩子也會因此殺死父母。

雖然將對父母的不滿沉澱在心裡深處，卻對自己的價值觀、人生觀、個性產生根本的影響；更甚者，當對父母的不滿無法直接發洩在父母身上時，那份憤怒及悲傷便轉向社會。連父母都不愛的自己，也不被社會全體喜愛，感到被社會全體侮辱。

有時候，人會特別憎恨那些看起來很了不起的人、看起來很幸福的人，甚至連我們自己也沒有意識到內心存在著對父母的憎恨。想被父母疼愛、認同的想法，會轉變爲想被社會認同，想成爲強大的存在。如果抱持那樣的想法，透過實實在在的努力而成功，一切就很順利。但一旦努力沒能得到回報，就會對社會全體產生憤恨。

「嘴裡說著一些好話的父母全都是騙子！」這樣的想法會轉而憤恨表面上談著自由、和平、平等的虛偽社會。

社會上出現了想要對社會傳達自己想法的「表現型犯罪」，以及想受眾人注目的「劇場型犯罪」。也有喊著「判我死刑吧」的犯人。他們不是一個人去死，而是把人們一起牽扯進去，可以說是一種「擴大自殺」，或是家人間強迫自殺的擴大版。

停不下來的無差別殺傷事件

二〇〇七年年末的十二月十四日，長崎縣佐世保市內的某間健身房裡，發生了槍擊亂射事件，造成兩人死亡，包含小孩在內有六人受傷。加害者在案發現場附近自殺，犯案動機至今仍然不明。

到了二〇〇八年，路上無差別殺人事件開始發生。一月五日，東京都品川區平塚戶越銀座商店街，十六歲的高中二年級少年揮舞著菜刀，襲擊路過的五個路人，造成兩人輕傷。當場被逮捕的少年，偵訊時說：「被惹得很心煩。」「誰都可以，想把大家都殺死。」

後來這件案子在東京家庭法院以少年審判的方式審理，結果決定將少年送到醫療少年院。判決裡這樣寫著：「本案少年從小學高年級時就開始有無法理解他人感情及心理的狀況，想著要殺害他人，或是將自己抹滅，將來很有可能會傷害自己或他人。從計畫性犯行的角度來看，並非心神喪失。」判斷其有必要在矯正機構裡接受長期的醫療處遇，培養人際關係及社會適應力。

二〇〇八年春天，三月二十三日，在JR荒川沖站發生無差別殺人事件；在那之後，同月二十五日，發生JR岡山站推人落軌的月臺殺人事件；六月八日，發生秋葉原無差別殺傷事件，造成十七人死傷。

之後又陸陸續續發生了路上無差別殺人、無差別殺傷、使用刀刃事件。根據二〇〇八年七月二十九日警方的公布，在公共場所以刀刃襲擊路人的事件，一件接著一件發生，秋葉原無差別殺傷事件之後，至少就有七件。

八王子路上無差別殺傷事件

二〇〇八年七月二十二日，發生八王子路上殺人事件，有兩名女性在八王子車站大樓內的書店裡，被人以菜刀襲擊，其中一人死亡。

嫌犯是一位三十三歲的男性，在八王子市長大，個性內向溫順，從國中開始就不上學，雖然考上了高中，但是一次也沒去過就退學了。國中時期認識他的人在採訪中說：「休息時，他大多一個人在讀教科書，被嘲笑了之後就不來上學了。」周遭的人也異口同聲地說：「不管在學校還是職場，他都是一個人。」

沒上學之後，他開始在市內的工廠打工。周遭相關人士說，他一被指責錯誤就不來上班，總是做不久。以前的上司說：「他休息時間會一個人抽菸。父母也曾經在工作超過預定時間後打電話來問還在工作嗎？這有點過度保護了。」的確，父母也許過度保護了，但是對於他們來說，兒子無法適應社會，也使他們不得不這樣關心吧。

犯行前不久，他還在某個工作的試用期間，卻在職場上受了嚴重的傷。他可能想「這下子沒辦法成為正社員了」。犯後他供稱，從兩三天前開始，他因為工作及職場上的人際關係，感到心煩意亂。

他說爲了工作的事情十分煩惱，但是父母卻沒能跟他商量。也說對家人間的關係感到不滿，鬱憤累積到了一定程度就爆發了。他明明在自己家裡，卻找不到容身之處。

關於犯罪的直接動機，他說：「想要給爸媽製造麻煩。」「爲了讓他們困擾，想製造一個大事件。」以一個三十歲的社會人士來說，這是非常孩子氣的想法，有如行爲偏差的中學生。

被害的兩個人與他毫無關係，爲什麼要襲擊他們？他說：「誰都沒差，只不過剛好跑到我的視野裡而已。最近四處都有路上殺人事件，所以我想，只要用刀就可以隨便殺人了。」檢察官因準備做鑑定而留置他。

從疏離感而生，負的連鎖

二〇〇八年七月十五日，一名二十二歲的男性在東京都青梅市的超市裡，用刀子襲擊一名與他毫無關係的女性，女性因此身負重傷。男性犯嫌供稱，因爲工作上的事情被社長念了，襲擊誰都沒差，就是要引起大騷動，想讓社長困擾。

下一個月二十六日，茨城縣東海村的河邊，一個正與二十五歲長女一起散步的公司職員，被人用菜刀刺成重傷。一個三十二歲的男性被以現行犯逮捕，他與被害者之間並不相識，關於犯罪動機，嫌犯供稱：「沒有工作，心裡亂糟糟。」

同年的七月二十五日，山梨縣甲府市內的路上，一位三十七歲的男性用刀子襲擊一位三十五歲的女性，他說：「在工作時被上司念了，想要發洩一下這種憂鬱又憤怒的情緒，所以才會用刀去捅人，其實誰都沒差。」

七月二十七日，北海道名寄市公園裡，一位散步中的男性被人用刀刺傷。沒有職業的二十歲男性被逮捕，他說：「因爲生氣所以去刺傷人，誰都可以，就是想捅人。」

七月二十八日，神奈川縣平塚市ＪＲ平塚車站，有七個人被一位做兼職打工的三十四歲女性砍殺，受到輕傷。

連續發生這樣的路上殺傷事件，犯罪心理學者作田明教授做了以下的評論：

會犯下路上殺人魔般凶行的人，都以自我爲中心，欠缺規範意識，從社會的孤立中喪失情緒交流的意志，再加上將自己的處境不當地誤認爲是悲慘的事，對人類的憎恨就更強烈了。然後，因爲認爲「自己受到過分的對待，所以去做這種事情也沒什麼不對」，有了顚倒、錯誤的判斷。

身爲地域安全地圖開發者、同時也在全國各地進行技術指導的犯罪社會學者小宮信夫教授，曾做出以下評論：

事件一再發生，原因是，在個人主義蔓延的日本社會中，因競爭落後而產生疏離感的年輕人變多了吧。秋葉原事件也是事件連鎖發生的關鍵。英國在二〇〇〇年左右開始，爲了減少年輕人的孤獨感，導入了專門人員面談、支援，名爲「顧問指導」的制度。這不是短期可以看出成果的事，但是我們國家也到了該用長遠眼光思考同樣對策的時候了。

所謂的「顧問指導」，指的是一種教育、指導的方法，不是用指示、命令的方式去使人動作。被稱爲顧問的指導者，用對話的方式使對方產生想法，用「建議」的方式去培育，尊重本人自發性、自律性的行動。

小宮教授「安全地圖」的想法基礎，在於爲了有效防範，有必要從犯罪「原因論」轉換到「機會論」。以預防的角度考慮環境因素，將某一個地區「容易進入卻不容易被看見的場所」，設定爲容易發生犯罪之處，喚起大家的注意，減少可能犯罪者眞正犯行的機會。全國各地許多中小學都製作了安全地圖，效果正在提升中。

但是，路上無差別大量殺人的人，與其他犯罪者不同，他們幾乎不考慮隱匿犯行，也不考慮逃亡，甚至有希望被判死刑的人。對於這樣的犯罪，就算要花費較長時間，還是有必要針對青少年心理做出社會方面的支援。

日本的路上殺人事件在二次大戰前就曾發生，更是每年都會發生的案件類型，而且往往連鎖發生。以犯罪型態來說，如果是破壞金庫之類需要特殊技術的犯罪，一般人也無法模仿，但只是揮舞刀刃的話，誰都可以做得到。

對一般人來說，報導犯罪有助於防止犯罪吧！但是對可能犯罪者來說，充滿著對人際關係、對社會的不滿，心理狀態像快要爆掉的氣球一般，犯罪的報導在這個時候就變成一種心理刺激，甚至變成瞭解如何犯罪的管道。平常被認爲是很穩健的人，一下子爆發了憤怒與悲傷，揮舞刀刃，像一顆已經脹到幾近極限的氣球，會因爲一個小小的裂縫而爆裂。

今日，使用刀刃的路上無差別殺人事件持續發生。二〇〇八年七月十九日，雖然不是路上殺人，在埼玉縣川口市，發生了國中女生殺傷自己父親的案件。同年七月二十九日，愛知縣一位十八歲的自由業少年，回到畢業的中學母校，用刀子將自己以前的導師殺成重傷。他因爲以前被老師罵過，一直對老師懷有恨意。因爲後來在學校、工作上都沒能順利發展，便覺得都是導師的錯，因而憎恨。

我們面對一連串殺傷事件的報導，不禁顫抖。不光是路上殺人魔，我們無法斷然否定，這些連日的殺傷事件報導蘊含著下一次殺傷事件的連鎖。那麼我們該說報導犯罪很危險，所以不應該做嗎?這樣的比喻也許過於簡化，但若是說「不要做危險的報導」，這樣的說法與「不要報導日本軍打敗仗」、「不要報導反政府運動」，是出於同樣的想像吧。

眞正的問題在於報導的方式！用超越必要的程度傳達「這是危險的」訊息，使人敏感的報導是危險的。雖然沒辦法簡單地做出包容加害者的報導，但是單向、粗糙地否定加害者，可能會使得正在同樣境遇、有相同煩惱的人覺得被窮追猛打。

我們要的不是旁觀式的評論，而是冷靜的報導。

在秋葉原事件裡，犯案青年在網路上發言這件事引起很多人注目。下一章，就來思考與網路相關的青少年犯罪吧。

1 日文ノンキャリア（non-career），相對於キャリア（career），指考試資格較低，升遷限制較多的職種。

2 本件於二〇一〇年一月五日死刑判決確定，本件犯人已於二〇一三年二月二十一日被執行死刑。

3 日本有某些獎學金如學貸般必須返還。

4 「有殺人願望或以追求快樂為動機的凶惡犯、暴力犯罪少年的特徵」科學警察研究所報告。

第三章 「網路社會」把人心逼入絕境

佐賀縣劫持巴士殺人事件

一九九七年，秋葉原無差別殺傷事件的犯案青年十四歲時，同樣十四歲的少年犯下了神戶幼童殺傷事件（酒鬼薔薇事件）。當時國中二年級的少年，殺害了兩個小孩子，並肢解了其中一名被害者的遺體，把頭部切下來掛在校門口。引起巨大衝擊的同時，他的犯罪聲明被用郵寄的方式送達。

二〇〇〇年，秋葉原的犯案青年十七歲時，同樣十七歲的少年在佐賀縣犯下劫持巴士殺人事件。在秋葉原事件裡，犯案青年在網路上的發文受到注目，事件後網路上出現許多惡作劇，預告犯罪。劫持巴士事件的犯人也在網路上積極地發文，與秋葉原事件一樣，其發文被解讀爲犯罪的預告。

劫持巴士事件的少年，與父母、妹妹四個人住在一起。中學時成績十分優秀，在班上人緣也很好。中學二年級當過學生委員，在校內的合唱大賽也拿到優勝。

但從中學三年級的夏天左右，他的樣子就開始變得有點奇怪，沒有學習的欲望，也開始對家人使用暴力，還殺死妹妹養的哈姆太郎（倉鼠），在學校跟朋友的關係也變得不好。父母覺得他是在學校被欺負了。

要畢業的那年一月，他被其他學生戲弄，和別的學生一起從樓梯平臺上跳下來，只有他受了重傷，住院三個月，高中入學考試也是在醫院病房裡考的。雖然沒能考上他心中的第一志願私立高中，但是也考上了縣立的升學高中。

高中一開始，他就沒能與其他學生好好相處，才上學九天就不再去學校，最終退學。少年開始在家裡過著日夜顛倒的生活，沉溺在網路世界裡。

後來知道，他在網路上瀏覽了獵奇殺人事件的網站及遺體照片，並在網路上的交流版「2號頻道」（2 Channel）裡開始熱切地發文。

「網路依存」而生的心理困境

少年以「貓殺手」的暱稱在網路上吐露自己的心事，告白自己都在家裡不出來的事情，把軟弱的一面全都顯現出來。

「小時候被大家當白痴，一直以來都被大家瞧不起。」

「人生既沒有夢想也沒有希望。」

但是在2號頻道裡，他沒能收到溫暖的回應，被其他鄉民耍著玩，被嘲笑「沒有存在感」。漸漸地，他發言中攻擊性強烈的傾向變得十分明顯。

他把暱稱從「貓殺手」改成了「NEO[1]麥茶」。2號頻道剛開設時，有一個很有發文力的人，暱稱叫「麥茶」。「NEO麥茶」是模仿「麥茶」而來，蘊含「新的麥茶」這樣的意思吧。

2號頻道有司法相關人士議論的地方，少年也加入發言，但是被其他鄉民冷淡地拒絕，他們說：「這裡不是你這種無知又沒教養的人應該來的地方！」

少年在家裡的樣子變得更奇怪了。母親在他的房間裡發現大把菜刀與其他刀械，還找到寫著「占領學校，殺人」、「有人說，去殺人！去殺人」的便條紙。

感到非常不安的母親嘗試讓少年入院治療，但是也沒有辦法逼迫他。於是母親向一位曾登上媒體版面的知名精神科醫師求助，在他的幫忙下，少年到當地的精神科接受「醫療保護入院」（因家族等人委託而受理的強制入院）。少年之後表示，對母親那個時候的做法感到非常憤怒。

劫持巴士事件發生在二〇〇〇年五月三日，是少年從醫院暫時出院的外宿期間。他在2號頻道用「NEO麥茶」的名字發文：「佐賀縣佐賀市十七歲……嘻嘻嘻嘻嘻……」三十八分後，他坐上黃金週熱鬧的高速巴士，揚起四十公分長的牛刀，叫著：「占領這輛巴士！」然後砍殺了三名乘客，其中一人傷重死亡。

少年被逮捕後接受精神鑑定，結果認定：「事件當時，對判斷自己行爲是非善惡的能力並無顯著低下的狀況。」判斷他幾乎有完全的責任能力，並認定他：「有自己快要不是自己般的解離性障礙與行爲障礙（重複著反社會性、攻擊性且具反抗性的言語舉動），有思覺失調症發病的可能，亦有可能已處於該病症前驅期。接受醫療少年院處遇是比較適當的方法。」

精神鑑定也指出少年當時正在「青春期危機」，面對高中入學考試前成績低落，陷入「倦怠症」的狀態。在不上學、閉門不出的狀態中，可能陷入「自我同一性擴散」（不知道自己是誰，不知道應該怎麼做，迷迷糊糊地什麼都不知道）。另外，鑑定中也描述少年在網路上看到殺人、遺體等殘忍的畫面，增加反社會性的價值觀等。

在學習上遭遇挫折、失去目標的少年，變得鑽牛角尖，想著「這樣下去只能變成流浪漢，然後自殺了」、「反正都要自殺的話，來做一件大事好了」。鑑定結論裡這麼寫著：「爲了確認自己的存在感，少年犯下了這樣的事件。」也提到必須注意少年還是有自殺的念頭。

法院幾乎採用精神鑑定的全部結果，在犯罪動機方面指出他「想引起社會的注目，變成英雄然後自殺」。之後，少年被送交到醫療少年院。

少年原本是個高材生，但是似乎有強烈的自卑感，並對愛飢渴，想被愛、想被認同。這樣強烈的希望卻被父母捨棄了，他鑽牛角尖地這麼想著，然後在網路上也沒能得到認同。他變得自暴自棄，想做一件大事引起注目，在網路上發出令人不舒服的文章後，犯下罪行。

這名少年的父母都是很優秀的人，有能力、有幹勁，也很有愛。母親特別積極，非常不簡單。爲了讓兒子到精神科就診，而拜託知名人士，這可不是一般父母做得到的事。事件發生後，母親發表了謝罪的文章，也是很好的內容。但是少年在警察訊問時這麼說：「媽媽關注的不是我，而是那些專家。」母親的愛空轉，沒能傳達到少年的心裡。

少年以前的導師在他開始不上學時，與母親面談過。對於當時面談的印象，導師這麼說：「少年的媽媽非常冷靜，冷靜到有點出乎意料的程度。雖然口頭上談到少年使用暴力等問題時顯得煩惱，可是沒有那種悲壯的氣氛。學校裡也有與他一樣閉門不出的孩子，那些母親大概都一頭散髮地說著孩子的事情。但是這位母親一直到最後都還是端莊的樣子。」

當然，父母很冷靜，不是什麼壞事。但就算做法客觀正確，孩子在那種冷靜的態度中是感受不到愛的。

網路交流的心理

對於不擅長人際關係的年輕人來說，網路世界可以說是唯一的容身之處。他們想要朋友、想要男朋友或女朋友，寂寞得快要死掉，但不知道如何與人深交。就算很會玩，但是沒辦法與人有眞正深入的溝通。對這樣的年輕人、現代人來說，電腦或手機就是實現夢想的魔法道具。

雖然寂寞，但是不想與人深交；雖然不擅長人際關係，但是想要朋友。塡滿這種矛盾感情的正是網路的溝通方式。網路使原本無法同時成立的「匿名性」與「親密關係」變得可能共存。爲了不讓自己受傷而以「匿名」與人討論興趣、人生等，以親密的方式交流有深度的話題，隱藏自己本來的面貌，與世界各地的人們對話。

網路上的對話交流，其特徵在於：不管對方是匿名還是認識的人，都不是面對面對話。愛情般正面的感情也好、憤怒般負面的感情也好，與面對面的對話方式相比，網路上的對話氣氛會在短時間內急遽高漲。

在網路上交流，可以使用面對面時說不出口的漂亮詞句，或是展現面對面時不敢有的強烈表現。面對面溝通時，不只是講話的內容、方式與表情等，還有許許多多的線索進行著。但是網路上的對話只有文字，對方講的話到底是開玩笑的，還是認眞的？只能用文字這個資訊來判斷，產生很多令人誤解的狀況。

面對面交流溝通時，即便產生了強烈的情緒，我們會視對方的表情反應去調整用字遣詞；但是網路上的對話沒辦法這樣做。寫信也是一樣的，但是這件事比較費工，就算有什麼激烈的情感，從決定寫信、準備信箋、花費時間動筆、把信摺起來放到信封、放進郵筒，在這個過程中可能就冷靜下來了。你也有寫了但沒有寄出去的信吧？但是在網路上，輸入文字之後馬上就送出去給對方，比起用筆，敲著鍵盤更容易順著自己的感情寫出來吧。

日本的網路基礎設施日漸充實，電腦也十分普及，連小孩子都對操作電腦十分熟悉。的確，電腦或手機都是非常便利且有用的工具，但是大家對於網路交流有什麼特徵、有什麼危險性，還不夠瞭解。

網路是對著全世界發送訊息的公開場所。譬如，你在自己的筆記本裡畫米奇，不會有人指責你，但是未經允許任意在自己的網頁上傳米奇的畫，就違反著作權法。

兩個人之間不會演變成多大問題的對話，但是當對話能被很多人看到時，紛爭就會變得很大，會感覺是在很多人面前被侮辱。在網路交流版上兩個人對話時，也有其他人在看著。那就像是拿著麥克風在很多人聚集的站前廣場講話。網路使用者們，必須有這樣的想像力。

只是，不管再怎麼小心謹慎，網路上的交流還是會有讓人受傷的時候。如果在現實世界裡有著充實的生活，身邊有信賴的朋友或家人，那會是一種支持，讓人在面對面的人際關係中獲得慰藉，生出勇氣。

但如果在現實生活中沒有獲得滿足，在網路上受的傷就沒辦法因此獲得療癒。不只是這樣，如果過度依存於網路交流、過度重視網路交流，甚至犧牲現實生活，就會失去恢復平靜的餘裕，可能讓紛爭擴大，肯定也會妨礙現實生活。

爲了避免過度依賴網路，必須要有安定的現實生活，而安定現實生活的基礎就在於親子關係。

1 NEO，日文ネオ，「復活的」、「新的」意思。

第四章 大規模殺人的心理

大阪兒童殺傷事件

大規模殺人的殺人犯，幾乎都在很多人的面前殺人，然後當場被逮捕、被擊斃，或當場自殺，多半沒有想逃走的意思。他們想終結自己的人生，也想終結其他人的人生。

秋葉原事件發生在六月八日。二〇〇一年的同一天，發生大阪兒童殺傷事件。三十八歲的男性犯人，在大阪府池田市內的國立大學附屬小學前停車，拿著菜刀進入校園。首先，他進入二年級的教室，襲擊了四個小孩，拿著已沾血的菜刀，繼續往下一個教室去。在下一間教室砍殺了兩個孩子，奪走他們的性命。

孩子們驚聲慘叫，老師們也尖叫著。「快逃！」混亂中學校的廣播。染紅的白色制服。到處都是大面積的血泊。男性往第三間教室走去，在那裡刺殺了五個孩子，接著繼續在走廊上揮舞菜刀，走向一年級的教室，襲擊了四個孩子，刺殺了其中一人。

學校是這樣的情景：逃到操場上集合，發著抖的孩子們；流著血，到隔壁店家求助的孩子們；因爲失血性休克導致身體顫動不止的孩子們。還有抱著無法動彈的孩子的老師，以及設法阻止犯人的老師。

犯人侵入校園十五分鐘後，被兩位老師制伏。結果一共有二十三名學童與兩名老師被送往醫院，有八名年幼的一、二年級學生罹難。

事件發生的消息一出，媒體直升機開始在校園上空盤旋，以直播的方式報導校園裡有幾輛救護車，敘述害怕的孩子們一班一班分開坐著、發抖的樣子。現場一片混亂，聽聞危難而紛紛趕來的父母，找不到自己的孩子究竟在哪裡。

有一個家長雖然到了現場，但是因爲不知道孩子就在自己身旁的救護車裡，沒能看到孩子的最後一面，沒能在他走之前好好抱抱他，十分懊悔。

原本被認爲安全的學校裡，應該被守護的孩子們卻被殘虐犯人的毒牙咬上。

男性犯人曾經擔任市政機關的職員，但是不管在哪個職場，總是引起爭端。他也曾和住在附近的居民發生爭吵，還因爲在前同事的茶裡加入精神安定劑而被逮捕。但是他當時被認定「沒有責任能力」，所以沒被送進監獄，而是被安置在精神科「設施入院」（因為有自殘或傷害他人的危險而強制入院）。另外，犯下這次事件時，他處於失業的狀態。

如果重新思考那時候所謂「沒有責任能力」的判斷是否正確，的確是有疑問的。發生本案後，也曾有報導說他濫用精神藥物。

他在被逮捕後這樣供述：「以前因為混入藥物的事件被抓時，我說是因為吃了藥物的關係，那樣的說詞被接受了，然後被送到醫院去，沒有被起訴。我想起那時候的事，所以覺得只要假裝亂吃藥或是得了精神病，就可以免去刑事責任。」

這次被逮捕後，男性接受了兩次精神鑑定。憑著鑑定結果，法院判斷他有完全的責任能力，但也同時認定他有妄想性的顯著偏差人格。

第二次精神鑑定判定他有人格障礙，但並非思覺失調症，並做出以下的說明：「該名男性是情感欠缺者（無法感受同情、良心等心理層面痛苦的一種人格扭曲），一方面有幻想傾向、說謊習慣、對外在視線及聲音敏感、憧憬強大的權力，但同時也抱持著自卑感，可能有前額葉機能的障礙（腦的前額葉部分有障礙，可能就會有人格偏差）。」

犯罪當時，被告有過度鑽牛角尖與強迫思考病徵的妄想反應，也存在嫉妒反應（沒有任何證據卻妄想、懷疑、嫉妒對方搞外遇等），但精神狀態並沒有任何意識障礙，也沒有其他精神病狀。他在即將做出犯行前、剛犯罪後，以及現在，都知道他的行爲是重大犯罪。而讓他犯案、踏出那一步的決定因素是：情感欠缺、嚴重的自我中心，以及其攻擊性、衝動性。

妄想型人格障礙症

加害男性一直到犯下這次罪行前都會到精神科就診，該精神科曾判定他有「妄想型人格障礙症」（Paranoid Personality Disorder）。在下列七個基準裡，滿足四個以上的狀況，就是有妄想型人格障礙症。

・明明沒有充分證據，卻懷疑他人利用自己、危害自己，或欺騙自己。

・不當地懷疑朋友是否誠實或值得信賴，整天總想著這件事。
・從不想向別人吐露祕密，因爲怕說出什麼，被用在不利於己之處。
・對於沒有惡意的言語或事情，卻鑽牛角尖地覺得其中隱藏著貶低或威脅自己的意思。
・只要感到被侮辱、被傷害、被輕蔑，就會持續地抱持恨意，不原諒對方。
・對有關自己的評價反應敏感，感覺被攻擊時就馬上生氣與反擊。
・沒有任何根據，卻懷疑自己的配偶或情人另有小三。

有妄想型人格障礙症的人，極端深刻地懷疑別人，有強烈的嫉妒心，總認爲他人的動機帶有惡意，無法相信別人的好意，感覺自己正受到迫害，然後爲了一點小事就馬上爆發怒氣。

加害男性與同事、鄰居以及附近太太們的衝突持續不斷，都與上述基準相符。

精神分析學中可見此類案例，受到支配型的父母嚴懲、教育，在過程中漸漸失去被愛的實際感受，而將嚴格的父母內化爲「超自我」（變成自己內部的聲音、心的一部分，對自己的自由想法說「那樣做是不可以的」）。

當這個內化的聲音被過度擴大，便成為控制行動的範疇。只要言行超出這個範疇，就產生自卑感與罪惡的意識，覺得要處罰自己。即便是遭遇小小失敗，也會誤以為自己完蛋了，變得自暴自棄，搞壞身體和人生，甚至自殺，好像在處罰自己一樣。

再者，周遭的人們會在他心裡巨大化，成為嚴格的超自我印象，使他誤認為被冷淡、嚴格地監視，大家都責怪他、迫害他。對那些他認為是來迫害自己的人，他會激烈地反擊。

雖然攻擊性行動讓人們覺得他很可怕，但是實際上，這是他心底對人感到不安及恐懼而有的反應。

有妄想型人格障礙症的加害男性，感到自己不被父親所愛，總是被嚴格、冷淡地對待，覺得社會整體就像冷淡的父親一樣，嚴厲地指責自己。對他來說，對社會的絕望，再加上與家人相處得不好、工作發展不順利，轉變成對社會全體的憎恨，同時也失去對自己的期望。

以殘忍的手法殺死小學生的這個犯人，在供述裡說：「因為想死，想被判死刑，所以看準了菁英小學下手，想讓這些跟自己不一樣的菁英們有所體認。」

犯人的父親在事件後接受採訪，冷漠地回答：「我與那個傢伙已經斷絕關係了。」「死刑也好、什麼也好，就處理吧。」「早點死一死就好了。」表現出冰冷、果斷的樣子。我問了實際採訪這位父親的媒體人士，他說：「一般來說，加害者的父親不是哭著道歉，就是口頭上講著很嚴厲的話，但心裡還是想保護孩子。不是前者就是後者，但是這位父親以上兩種反應都沒有。」這個事件的犯人被這樣嚴格、冷淡的父親養育，變成典型的妄想型人格障礙者了？

無法給予滿足感及安心感的環境

小學畢業時，他曾經想去讀國立大學附屬中學。逮捕後，他在「反省筆記本」裡這樣寫：「本來想去念國立中學，但是光看學校的成績調查報告就知道大概是不行的。後來想，要不然自己偽造一份好了，但是那又需要校長的印章，所以作罷。跟媽媽說了這件事，她說只是去考考而已的話，太浪費錢了吧，所以我只好放棄了。我抱著很大的期望，可是一直以來沒考慮到現實。當然，多多少少也意識到現實啦，反正有很多因素，後來就進了普通公立中學了。」這件事情，可能也影響他這次選擇附屬小學犯案。

根據逮捕後的調查報告顯示，他上中學後仍持續虐待動物，把貓燒死、讓貓溺死，曾用剪刀把金魚的尾巴剪掉，放到火爐裡燒死。他也在喜歡的女生的便當裡吐口水、灑精液，做這些異常的事情。

雖然他上了高中，但是在高二時毆打老師，然後離家出走，一個月都沒回家。之後因爲沒能升上三年級等原因，退學了。

他選擇的下一條道路是自衛隊，進到航空自衛隊。小時候，他的夢想是當個飛行員，目標是成爲自衛隊的飛行員。但是他選擇的學科並不能使他成爲飛行員，而是一般隊員。如果他努力朝著成爲飛機維修員的目標前進，之後就能以機械師身分搭上飛機。但他又遇到挫折了。

在自衛隊裡，他付出了相當的努力，但是他把離家出走的中學少女帶回家，甚至發展到性交易的關係，引起很大的問題，一年後便退役了。這個時期，他開始對母親施加暴力。父親因爲煩惱，曾帶他到精神科就診。

之後，他輾轉換了好幾個職業，重複著使用暴力、把人弄受傷等犯罪行爲，也曾因強制性交罪被逮捕。不管在哪個職場、不管在哪處新搬入的公寓，他總是與人起衝突。另外，他曾結婚四次，都不長久，只要離婚的協議不順利，就會威脅對方，或向對方要求精神賠償，以此獲得錢財。

在這次事件發生前，他失業了，身上沒有錢，付不起車貸和公寓的租金。犯行當天，他因爲毆打酒店從業人員的暴力事件，被傳喚到地檢署。除此之外，他還有對第三任妻子的家暴事件與離婚無效訴訟等官司。

他已經好幾天睡不著，想著怎樣都隨便了吧，想自殺，一死了之。如果殺死很多菁英學校的孩童，一定會被判死刑的。他準備了菜刀，朝學校的方向走去。

這名男性小時候也被疼愛過吧！有過夢想與希望吧！但是夢想一個接著一個破滅。他受冷漠父親的影響，漸漸無法感受人們的好意。不管是結婚還是就職，試了好幾次，都沒辦法帶給他滿足感及安心感。在這次犯行之前，錢終究花完了，家人不在，也沒有可以依靠的人，他的心被孤獨及絕望壓垮。

審判時，他沒有任何反省的話語，反而重複一些挑釁的話：

「我沒有想反省或覺得對不起的。只對自己感到後悔。」

「當時如果把爸爸殺了，可能就會有不一樣的人生吧。連有期徒刑都不會有吧。」

「我想要讓這個社會知道！像我這麼笨，將來又沒有希望的人，在短短的五分鐘、十分鐘之內，就可以把安定、富裕家庭的小孩殺死。」

「我想給這個社會狠狠一擊，告訴這個社會，世界上可不是只有讀書才了不起！」

「就算做了這件事（這次犯罪），也完全沒有得到滿足。」

「（有關事件的動機）我就是不靈光、沒才能也沒運氣。如果沒有被解僱，也不會犯下這種事件吧。」

「承受著各種不愉快的想法，一直活到今天。」

「與其過著貧困、無能爲力的人生，還不如這樣做。」

「即便是現在，我還是總想著，如果去幼稚園的話一定可以殺更多人。不管怎樣，對於死這件事，我是沒在怕的。」

他被認定有完全的責任能力。這個完全沒有反省之意的男人，一審被判決死刑。這種案件的審判期通常會因爲上訴，持續很久。但是他不聽律師的建議，也不上訴，死刑判決因此確定。判決後僅一年，他被執行死刑，快得有違常例。

不管在法庭還是在監獄，這個犯人完全沒有反省的話語。但是，自逮捕後持續與他面談的臨床心理師長谷川博一教授推測，在這名男性的心裡，反省之意似乎一點一點地萌芽了。如果有多一點時間，他說不定會有新的想法。

下關路上無差別殺人事件

一九九九年九月二十九日，一名男性駕著租來的車，撞進下關車站。玻璃門被撞碎，車子繼續衝進車站大廳，絲毫沒有減速，一個接著一個，輾過了七個人。接著，男性從車上下來，揮舞著菜刀，無差別地砍殺八個人。

雖然他馬上就被車站人員壓制，卻在短短幾分鐘內造成五人死亡、十人輕重傷的慘劇。駕駛著車子闖進擁擠的人群，輾過人，揮舞刀刃，這與二〇〇八年六月發生的秋葉原事件是同樣的型態。而在秋葉原事件發生的下個月，二〇〇八年七月十一日，最高法院判決下關路上無差別殺人事件的殺人犯死刑。

這名男性犯人從國立大學畢業，三十五歲，是一級建築師。他在一九六四年出生，父母都是老師。他在當地的小學、中學讀書，從小就不會反抗父親。當他還是小學生的時候，祖母對鄰居說：「我家的乖孫爲了幫助人，現在就決定長大要當醫師呢！」

中學時期的朋友這麼說他：

「很安靜又很優秀的男生啊！怎麼都想不到會犯下這種凶殘的事件。」

「他是認眞又溫順的類型。」

「他在籃球社裡雖然是候補選手，但是熱心練球，讀書也很厲害。」

他讀的是下關市內的升學高中，雖然成績頂尖，但是被評價爲「完全不顯眼」、「很內向，幾乎都不說話」、「對他不大有印象」的學生。

雖然有朋友說他是普通的學生，但是他本人說：「大學時期開始，對無法交朋友的自己產生厭惡。」覺得自己是「對人恐懼症」。他對就職感到不安，所以完全沒有找工作；也想過念研究所，但是因爲無法做「研究發表」，所以作罷。

大學畢業後，他一邊定期到精神科治療對人恐懼症，一邊過著打工生活。

一九八九年，他開始在一間小型的設計公司工作，頗爲順利，還在一九九二年取得了難度很高的一級建築師執照。一九九三年，他獨自開了設計公司，也與經由婚姻介紹公司認識的女性在紐西蘭舉行結婚典禮。對他來說，這個時期應該是十分幸福的。

但是公司的營運漸漸開始走下坡。他雖然很懂設計，但是不擅長跑業務。認識他的人這麼說：「他的專業是耐震構造，這個領域應該是收入絕對安定的啊。最後他卻還是因爲沒辦法順利與人應酬、打交道，終告失敗了。」

一九九八年，他放棄了自己的設計公司，與妻子分居。妻子想離婚，他也同意了，但據說因爲他的父親堅決反對，最後沒有離婚。分居後，妻子搬到紐西蘭去。變成一個人的他，貸款買了一輛小貨車，用個人名義開始從事運送業。這個工作不太需要跟人對話，似乎很適合他。

但是到了一九九九年，因爲颱風受災，他的車子報廢了，又得繼續繳貸款。已經三十五歲的他想去紐西蘭與妻子重修舊好，因此向父親求助：「可不可以幫我付車貸，然後借我三十萬圓，讓我到紐西蘭去。」

父親堅決地拒絕他的請求。

他在此刻絕望了，想要自殺，然後也想著，如果犯下無差別大規模殺人事件，就能對把自己弄成這樣的父母與社會帶來衝擊。最終，犯下凶行。

他說：「從小就被父母壓制，他們都不願意聽我的意見。」

住在附近的人說：「不分日夜，常常聽到罵人的聲音。」「那家的父親一絲不苟，稍微跟他想的不一樣，就沒辦法接受。」

被逮捕後接受偵訊時，他這麼說：「什麼都做不好，想殺人，誰都可以。」「對社會感到不滿。」「學歷這麼高卻沒工作。」「自己也想一死了之。」

審判時，辯方主張：「犯行時有思覺失調症或妄想症，處於心神喪失或心神耗弱的狀態。」

思覺失調症是以往被稱爲精神分裂症的一種精神病。有些案例因爲思覺失調症，被認定心神喪失而無責任能力，被判無罪。

因思覺失調症所引起的妄想，有的會以爲自己是皇室的人、有的會以爲自己被外星人操控。「偏執型人格障礙症」所引起的妄想，有的會懷疑妻子是不是搞外遇之類的。而辯方所說的妄想症，雖然不是乖離現實的妄想，卻是比妄想型人格障礙症的還要嚴重的重度妄想障礙症。辯方希望能因思覺失調症導致心神喪失，而獲判無罪；或因妄想症導致心神耗弱，而獲得減刑。

加上起訴前的簡易鑑定，男性犯人一共做過了兩次精神鑑定。起訴前簡易鑑定的結果，判斷他有責任能力，也因此被起訴，進入審判。但是一審接受的精神鑑定結果，說明「當事人的犯罪動機是因覺得被所有人迫害，所以要復仇。而這樣的情形是被妄想所控制的。」所以做了心神耗弱的判斷。

不過，在他犯下凶行前一直替他看診的精神科醫生說，他雖然有「畏避型人格障礙症」（Avoidant Personality Disorder），但應該是有責任能力的。

畏避型人格障礙症

下面的項目裡，符合四個以上時，就會被診斷爲畏避型人格障礙症。

・因爲害怕他人的批判、否定、拒絕，盡量避免與工作上重要人士見面的場合。
・如果不能確信對方對自己有好感，就不會想和對方維繫關係。
・因爲害怕被羞辱、被耍弄，所以就算對身邊親近的人也會表現得很客氣。
・因爲擔心會不會被批判、被拒絕，因而魂不守舍。
・感覺自己沒有辦法順利與人來往，因此沒辦法建立新的人際關係。
・認爲自己是社會上不適格的人，沒有優點，比別人次等。
・因爲覺得可能變成很丟臉的事，所以對於挑戰或開始什麼新的事情，異常消極。

男性有著國立大學畢業、一級建築師合格的優秀能力，但是不擅長人際關係，更不要說跑業務了，確實有畏避型人格障礙症的特徵。

他再度接受精神鑑定，結果顯示：「被告犯行時有個性上的強烈偏差，頂多可認定他有精神官能症，但不是精神障礙。」判斷他有完全的行爲能力。

所謂的「鑑定」，是在審判中如同鑑定筆跡或DNA般，由專家所做的證據調查。而精神鑑定是由精神科醫師或心理學者所進行的精神面的證據調查。鑑定由專家陳述意見，但是最終由法官判斷採用哪一份鑑定結果。

在許多裁判裡常有這樣的情況，加害者往往做了好幾次精神鑑定，每次結果都不一樣。例如，在一九八八年到一九八九年間，東京琦玉連續幼女綁架殺人事件的加害者，一共接受了三次正式精神鑑定。結果分別是「有責任能力」、「多重人格」、「因思覺失調症導致精神耗弱」。法院最後採用了「有責任能力」的鑑定結果，判決死刑，在秋葉原事件發生後的二〇〇八年六月十七日，執行死刑。

精神鑑定的結果會不同，是因爲精神疾病非常複雜，有些甚至還沒辦法特定其原因。舉例來說，像思覺失調症這樣的疾病，不管是照X光、抽血檢查、腦波檢查、核磁共振檢查，都沒辦法找到確實的證據，只能從許多側面情況來做綜合判斷。

如果是經常看到的症狀，屬於典型的思覺失調症，就可能很快被診斷出來。如果有此病症的人大多如此，就可以在製造重大社會問題之前，讓他們入院接受治療，或是在起訴前的簡易鑑定中判斷無法追究其責任能力。

但是思覺失調症有很多類型，也有非典型、難以理解的微妙案例。更困難的是，爲裁判所做的精神鑑定，鑑定人診斷的不是其對象現在的精神狀況，而是犯行時的精神狀況。要診斷過去某個時間點有沒有什麼疾病，不是一件簡單的事情。

人如果在精神健康的狀態被逮捕、被剝奪自由，多數會陷入「拘禁反應」這種心理上不安定的狀態。在診斷時，如果當事人處於此狀態，就必須調查這是從犯行時就開始，還是被逮捕後才這樣。

除了這些診斷上的困難，另一個難處是，因法院需要而做的診斷，與普通在醫院裡診斷的狀況不同。在醫院時，病人基本上是不會說謊的，但是被告有可能說謊。

在醫院，如果病患說睡不著、頭痛，醫師大概就會相信病患而下診斷、給處方。精神科也是一樣，如果病患說「我會聽到聲音」，就會判斷他有幻聽；如果病患說「我被某個電波所控制」，就會判斷他有妄想。但是被告可能在法院審判中，爲了被判輕一點，假裝自己的精神異常。這樣的狀況並不少見。

當然，做精神鑑定的醫師大多有經驗，能判斷是否爲典型的疾病。要連續幾個月欺騙經驗豐富的醫師，一般人是做不到的。即便這樣，極端嚴重且異常的犯罪，在難以判斷時，還是會出現歧見。

一個鑑定人可能因爲被告非常巧妙的手法，而沒能看出他在裝病。但是同樣的鑑定人也可能看出其他鑑定人沒辦法看出的微妙症狀，做出正確的判斷。

法院審判時採用哪一份鑑定結果，這是法官的工作。下關路上無差別殺人事件的法官，判斷被告有完全的責任能力，死刑確定。

欲求不滿手段假說

有關攻擊行爲的社會心理學研究，有社會心理學家多拉德所提倡的「欲求不滿攻擊假說」，這是指因爲親子關係、考試、工作或失業的壓力等，導致欲求不滿（frustration）而產生攻擊行爲的假說。這個假說可以與很多國家失業率高漲、發生殺人及暴動，做出聯結。

但是也有假說認爲，光是欲求不滿，是不會產生攻擊行動的，必須有某種形式的「武器」。這是社會心理學家柏考維茲提出的「欲求不滿手段假說」。當欲求不滿累積到一個程度，心理狀態像是被吹脹的氣球般，這時某一個關鍵（武器）映入眼簾、進入腦中，變成攻擊的「手段」時，便因此犯下罪行。

兩小時版的懸疑連續劇裡常出現這樣的情景：發狂的人突然看到菜刀、花瓶，於是伸手拿起凶器，犯下罪行。

我也確實在某個諮詢機關聽過以下這樣的說法：一般來說，爲了讓來諮詢的人感到心境平和，諮詢室的桌上可能會放置插著一朵花的花瓶，或放個菸灰缸。但如果知道今天來的人有點粗暴，可能會因爲談話的內容而生氣，就會把桌上所有東西都收起來。因爲累積了欲求而不滿、發狂的人，可能會抓起花瓶或菸灰缸丟過來。

生氣發怒時，空手揍人或抓起別人的衣領，這樣的情況一般不會發生。就算因情緒高漲，所以紅起臉來想找東西（凶器）丟過來，當桌上什麼東西都沒有，多數人可能拍拍桌子就結束了。

柏考維茲也主張，光是從欲求不滿所產生的憤恨，是不會變成攻擊行爲的。無法照自己想的實現、因沮喪而產生的抑鬱感等，所有不愉快的負面感情都與攻擊行爲產生關連。

另外，凶器會帶給人們「力量」。若是有一把刀子，便能打敗赤手空拳打不過的對象。只要拿著刀或槍，就連平常會侮辱自己的人們，都會害怕地伏首，跪倒在自己面前。雖然車子平時不是凶器，但對於想發動攻擊的人來說，車子就會變成保護自己的鎧甲、攻擊人們的武器。

沒有信心要弄刀子，也沒辦法取得槍枝的人，可能放火，也可能用毒。有些殺人事件的凶器是身邊可取得的有毒物品，常由被視爲弱者的女性所用。

「美國全國步槍協會」主張：「不是槍殺人，而是人殺人。」以此反對控管槍枝。

他們說的確實沒錯。

但是同時，人是用槍殺人的。

第五章　無法順利建立人際關係

對社會全體的恨意

美國經常發生無差別殺人事件，其心理犯罪學研究顯示以下特徵；幾乎都由男性單獨犯案；年輕人居多；不是一個人住，就是與家人同住但關係淡薄而孤獨；接受中規中矩的教育，成績不差，有的甚至特別優秀；多是家中長男，在雙親的期待下成長，但是因爲不擅長處理人際關係等事，遭遇挫折；做出犯行時沒有工作或沒有固定的工作，做著非出於自願性的工作。對他們來說，因挫折體驗造成的心理創傷，比我們想像得更嚴重。他們正因爲過去曾被讚賞，所以完全無法滿足於眼前的境遇，感到焦慮。

然後他們逐漸感到自己會變得這麼悲慘，全是別人害的，湧現了對周遭、對社會全體的恨意及攻擊心。他們爲了把自己的人生與這個社會都做個了結，想要自殺。此時如果對他人的同理心低下、嚮往暴力，想要打破規則的心理又沒有抗衡的力量，那麼他們不只會自殺，還可能用無差別殺人等把周遭牽扯進來的方式，爲人生畫下休止符。

淡薄的人際關係與殺傷事件

日本接連不斷地出現青少年殺人犯，變成一個很可怕的社會了嗎？應該不是這樣的。那麼，日本越來越和平、越來越安全，感到幸福的青少年越來越多了嗎？很遺憾，也不是這樣。

日本的青少年殺人犯急速地減少中。未成年殺人犯最多的時候是昭和三〇到四〇年代，每年大概有三百到四百人被舉發。現在大約每年一百人左右。這種減少的狀況無法只用少子化來說明。

一般來說，二十歲到二十五歲是最容易犯下殺人案的年紀，但是最近數十年間，這個年齡層的殺人發生率也持續地減少。這是其他國家沒有的狀況。

爲什麼青少年犯下的殺人案件正在減少呢？我們可以想到各式各樣的原因。例如，急速的經濟發展造成家庭中產階級化，過去很多因爲貧窮而發生的犯罪，現在幾乎看不到了。而小孩子的人口減少，大人更容易照看孩子，可能也是其中一個原因。

另外，高學歷傾向可能也是原因。昭和三〇年代，高中升學率是三〇％，現在則是九七％，幾乎所有孩子都會上高中。高中畢業後，則有六〇％以上的青少年會繼續念大學或專門學校。

孩子被大人保護的期間拉長，使青少年免受社會中大風大浪的侵襲，這對於青少年殺人案件的減少來說，是好的影響吧。

人與人之間沒有了深入的人際關係，也許才是殺人事件減少的原因。因爲一開始，就沒有想要殺死對方般深入的聯結。

以前的校園連續劇或是校園漫畫裡，常出現主角與對手相遇，激烈對立、互毆，最終結下深厚的友情。但是現實上，大吵一番然後產生友情的人又有多少呢？過去的青少年對抗著老師、校長、政府等巨大的存在，一邊頂撞一邊長大。那是因爲年輕吧。但現在，那樣的年輕人眞的變得很少了。

很受歡迎的校園連續劇《極道鮮師》（日本電視臺），過去所謂的不良少年們在劇中登場。一旦學生遇到困難，主角「山美」老師就會使出全身之力保護學生，有時候也會給學生當頭棒喝，使得他們湧起幹勁，克服激烈的衝突。譬如，爲了證明同伴的無辜，大家四處奔走；或者爲了解救同伴，闖進危險的地方。就在那些時刻，同伴之間產生了友情，一起解決了問題，劇中人物因此成長，繼續向前。

連續劇般的情節並不總是在現實中出現，但是過去的年輕人的確體驗了各種衝突與深厚的友情。雖然經歷十分精采，但是濃厚的關係的確也是產生憎恨的來源。

殺人事件頻發的歐美國家，大多集中於強盜殺人那種殺害陌生人的事件。而在日本，雖然殺人事件的整體數目偏少，但是殺害的主要動機都是因人際關係產生的怨恨。如果一開始只有淡薄的人際關係，應該就不會產生殺意般的恨意。從殺人件數看來，都市比農村多；但是從殺人的發生率來看，農村比都市頻繁。比起孤獨的都市，人際關係親密的農村更容易發生殺人事件。就像秋葉原事件的青年所說——當關係變得親近、靠近，就會因爲怨恨而殺人。

青少年的殺人事件減少是一件好事，但如果其中一個理由是因爲深厚的人際關係正在消失，可就不是能開心得起來的事情。殺人事件的確減少，但是不能忽略的是殺人內涵的變化——高材生的突發型殺人——也就是沒有動機的殺人。

這些人殺人的原因不是大人們想得到的，不爲錢、不爲就算產生殺意也不奇怪的原因，沒有深仇大恨。就像秋葉原事件的青年所說：「因爲關係太遠而想無差別殺人。」

斜邊的交流不足

現代人的人際交往能力，越是年輕的世代越是低下。在以前貧窮的年代，如果不能維持深厚的人際關係，人是沒辦法活下去的。如果說有哪邊的田要插秧，大家就會集合起來幫忙。跨越村莊的界線外，也有村與村之間互相幫忙的現象。就算到了近期，也有幾間農家共用一臺牽引機的狀況。

以前生活在都市的貧窮人們也會互相幫忙、一起生活，這在現在看來，就像古典相聲流傳的事情吧——把醬油或米借給鄰居；有人幫忙教訓粗暴的兒子、不工作的老公。

這樣的生活可能缺乏隱私，但人們靠著這種不是與父母，而是與鄰居（他人）的「斜邊的交流」，互相幫助。

爲了活下去，人際關係是必要的。隨著成長，人也會練習與人交流。譬如，在以前公車還有車掌的時代，要下車時沒辦法大聲說「我要下車」的話，是沒辦法搭乘這種交通工具的。幫父母買東西的孩子，如果沒辦法對賣菜、賣魚的老闆說話，也是買不成的。但現在，不管搭公車還是買東西，什麼話都不用說便能完成。

某個電腦量販店裡廣播著：「在本賣場裡，我們不會隨意跟客人搭話。」就是請客人放心慢慢逛的意思。這個想法與從前做生意的常識完全相反。但是今天，即便店內沒有這樣的廣播，會輕鬆跟客人搭話的情形也正在減少。

有些人不喜歡在必須跟老闆講話的個人店家買東西，覺得不用說話就能買東西的超市或便利商店比較好。可以的話，更想用自動販賣機買東西吧。

比起到店裡買，有些人更喜歡用電話訂購。不對！不用跟任何人說話的網路購物才是最好的。現在很多這樣的人吧。但人們發展人際關係能力的機會，因此被剝奪了。

如果問從前的年輕人：「怎麼樣的人才是好朋友？」他們會說，在心裡深處，同時也與自己有眞正接觸的人是好朋友吧。但問現在的青年，他們應該會說：「沒有闖進我心底的人是我的好朋友，這樣的朋友不會傷害彼此，沒有深入交往，也不會管閒事，親切又溫柔。」

現在的年輕人眞的不要心靈互通般的人際關係嗎？應該不是這樣。他們也期待被理解。年輕人看著有濃厚人際關係內容的連續劇，會感到開心，正是因爲期望那樣溫暖的關係，希望發生那樣感動的事。但是因爲害怕受傷，而且沒有受過訓練，所以沒有構築人際關係的精力與技巧。他們往往表面上很開心，但是沒辦法與人深入交往，只想表現出陽光、活潑的樣子，讓身邊的人感到愉快。

某個女學生的興趣是縱橫填字遊戲，但這是她的祕密。當被問到興趣是什麼，她總是很有元氣地回答：「網球！」不想因爲回答填字遊戲，而被別人覺得是很陰暗的人。

人的心與以前沒什麼不同，想被父母疼愛，也想有朋友。但現在的社會和環境有了很大的變化，往往人際關係能力沒訓練好，人就這樣長大了。與人相處時感到不安的人正在增加。

述情障礙

對自己的感情沒有自覺、無法控制、無法用言語表現的狀態，稱爲「述情障礙」。最近，這樣子的人正在急速增加。根據某個研究者的說法，甚至有三成年輕人有這樣的症狀。述情障礙有以下特徵：

- 不知道自己現在的心情。
- 缺乏空想的能力及想像力。
- 無法將自己的不滿、不安言語化。
- 可以敘述事實關係，但無法加入感情的表現。
- 不擅長人際關係。
- 欠缺對他人的同理心。
- 無法與他人擁有情感上的牽絆。

有述情障礙的人會封閉自己的感情、苦惱與心中的糾結，不知道如何表現出來，使別人理解。不只無法對人表達，連自己也不知道自己的心情。這會反映在身體的症狀及突發性行爲上。因爲無法好好地表現感受，所以沒辦法在人際關係上獲得滿足，就會產生摩擦；因爲封閉自己的感情，所以想像力衰退，沒辦法在幻想的世界裡發洩壓力。他們看起來很冷酷又冷靜，沒有什麼煩惱的樣子，但其實不是沒有感情，只是不知道怎麼表現而已。

想發洩壓力，說出自己的心情是一個好辦法，但這對他們來說不是容易的事，就算對心理諮詢師也沒辦法好好表現。

如果有三成的年輕人有述情障礙，那就不能僅僅說是述情障礙而已，應該說是現代青少年的「社會個性」吧。

以前的青少年們感情豐富，彼此衝撞，有哭有笑地長大，是很戲劇性的。心理學稱冒險、調皮的兒童時代爲「黨群期」（gang age）。但現在，黨群期已經可以說是消失了。也有人把青春期稱爲「狂飆年代」，也就是暴風雨的時代，用來說明與父母、老師或同伴產生激烈衝突的青春期。

現在的青春期早就不是暴風雨的時代。雖然年輕人仍會感到不安，有不穩定的情緒，但他們無法像以前年輕人那樣，表現出強烈的情感，總會避免與人產生衝突。粗暴的孩子王、帶頭大聲反駁老師的人、辦學生運動與校長對決的人，全都不見了。大家都是乖巧懂事的好孩子，親子間的衝突也變少了，感情很好的「朋友親子」正在增加。

大學有人數少、讓學生各自發表然後討論的課程。以前，學生們會口沫橫飛地激烈對論，但現在大家都只會回答：「我覺得說得很好。」真的是很老人味的發言耶。

年輕人應該要這樣——有誰發表了與自己不一樣的意見，就會想要說些什麼，心裡癢得受不了。但現在，他們卻不輕易在外表現出那樣的情緒。

更甚者，有人會害怕因爲提問或發表反對的意見，搞壞人際關係，因而無法發言。要他們理解這樣的授課可以提問、說出自己意見，著實需要花費一段時間。

我在授課或演講時，也感受到年輕人情感表現的貧乏。如果是上了年紀的觀眾，大家與我應答時，情感表現都很豐富；但如果是對學生們說話，大家看起來都面無表情。如果是不習慣與年輕人相處的人，可能會因此生氣或失望吧。

其實學生們並不是什麼感受都沒有。我在授課結束前請大家寫下感想，就發現很多學生有自己的想法、意見，只是不在大家面前表現出來而已。

有青少年有述情障礙，所以不擅長自覺情感與表達。其中有人覺得不可以表現自己的情感，不可以與人發生衝突。一直持續這樣的想法，到最後眞的就不知道自己是什麼狀態了。

如果一個人從小在父母面前壓抑，不表現出自己的感情，長大後，可能就變成不瞭解自己情緒的年輕人。那樣的青少年如果有可以表現情感的場所，給他們安心表達意見的機會，潛在的感情就會慢慢地發展出來，就能傾聽自己「身體的聲音」與「心裡的聲音」。但是有的人從小到青春期，甚至青年期，都過著不得不扼殺情感的日子。

包容孩子的情感及表現

人際關係或交流都以親子關係爲基礎，情感也是。小小的孩子會講話之後，就會拚命地跟父母說話。幼稚園或小學發生的事情，嘰嘰喳喳地講個不停，很多都是大人無法理解的內容。但是孩子們總是努力地說著開心的事情、傷心的事情、嚇一跳的事情。

對此，父母們「嗯嗯，對啊」，聽著他們說，接納他們，這樣的反應讓孩子感覺到自己可以擁有多樣的感情、可以表現出來。

聆聽會使開心的感情變成兩倍，也會讓悲傷的感情減半，不安或緊張的情緒也會因為有人傾聽而獲得紓解。

我們大人有開心的事情也會想要與人分享，有生氣的事情也會想要向誰傾訴；目擊嚴重的交通事故，回家後也會想對家人訴說。「說」這件事能降低緊張與興奮的情緒，就跟接受諮詢一樣。能自由地表現感情，當情緒被接納，心就會變得自然而健康。

特別是小時候，負面的情緒表現能被接受，是非常重要的事情。不只有成功、開心的感情能被理解，無可奈何的憤怒、悲傷、懊悔也有被理解與接納的必要。小朋友自己也不瞭解自己的感情，只是興奮、慌亂、哭泣、憤怒，因而衝撞父母吧。這個時候，父母必須好好地接納孩子的情緒，讓他哭泣、生氣，並且溫柔地抱著亢奮、情緒不安定的他，「翻譯」他的情緒。

譬如，與母親產生衝突的幼兒，哭著說：「媽媽是笨蛋！大笨蛋！」一邊拍打著媽媽。嘴裡罵媽媽，行爲上又暴力，眞的是很過分的事情吧。但心態從容的母親，能翻譯孩子這樣的言行，知道他心裡想的是「最喜歡媽媽了，抱抱我」。所以媽媽不會發怒，也不會因此哭泣，會給孩子「秀秀」，安慰他。這麼做的話，孩子的情緒過一下子就會平息，喊著媽媽、抱著媽媽。

孩子也會因爲負面感情，內心波濤洶湧，不知道自己到底是怎麼一回事。這時候父母可以代替孩子，將他的感情言語化。抱緊哭著、發火的孩子說：「一定很難過吧！」「很懊悔吧！」「一定很痛吧！」「嚇了一跳對吧！」「已經拚命努力了對吧！」這樣翻譯孩子的心情，幫他把感情用言語表現出來。

孩子得到這樣的對應，就會瞭解這樣的狀態原來是「我在懊悔啊」、「只是嚇到而已啊」。

但是現在，沒辦法與孩子有這樣普通對話的父母增加了。

父母只接受孩子的正面感情，而沒接納負面感情，孩子就無法學習處理負面感情的方法。當憤怒、傷心、憎恨等激烈的感情湧現時，他會不知道怎麼解決，持續壓抑、累積，不知道何時會爆發出來。

爲找尋自己而逃亡的年輕人

人都有夢想。想成爲棒球選手、想成爲歌手、想成爲律師、想成爲飛行員……有些人實現了夢想，有些人沒能如此。擁有夢想當然是一件很好的事情，但當夢想終究是夢想，就會使人痛苦。

只是描繪夢想的話，與夢想還離得很遠的自己便顯得可悲。越是想著自己的事，夢想與理想看起來仍在遠方，抑鬱的情緒就此襲來。

光在腦袋裡想著「找尋自己」，大概都會失敗。有時需要慢慢思考、凝視自己，或寫寫作文，這都是很好的方法。但總是只會凝視自己、思考自己，就會產生困擾。在心理學的研究裡，過度注視自己會產生抑鬱的氣氛。

「找尋自己」不是一件不好的事情，大人們希望青少年找到自己，不能只單單要他們思考，必須讓他們積極活動後再進行思考。重要的是「動起來」，青春期、青年期是「動起來」的年紀。讀書、參與社團、遊玩、談戀愛，透過這些事情便能找到自己吧。

擁有夢想，以此爲目標，只要能往前一小步，也會變成在實現夢想路上一份很大的力量。因爲有夢想，產生努力的價值，湧起努力的氣力，很多例子都因此而實現夢想。

就算最終沒能實現夢想，就算沒繼續追尋，但朝著夢想前進的努力步伐，將會變成日後的爽快回憶，變成自信的一部分。

那樣的經驗的確會讓人成長。不是因爲沒辦法而在半途放棄，是在某一個階段，以自己的意志決定放下。然後，再繼續朝著別的目標踏出一步。這絕不是淒慘的失敗，而是青春時代裡閃亮非凡的體驗，是值得驕傲的一件事。

有的人雖然有夢想與理想，卻沒辦法做出有建設性的努力，對離夢想很遠、與理想不一樣的自己感到煎熬，一直訴說著不平、不滿。這樣的人不管到幾歲都沒辦法放下夢想，會更痛苦、更煎熬。不管過了多久，他都被過去所束縛，完全沒能接近夢想，卻還是想著自己很強大，想著「那時候，如果爸媽讓我去念私立中學……」「如果長得更帥一點……」「大家如果多聽聽我說話……」「如果爸媽再多理解我一些……」他們對現在的生活總是不滿足，整天抱怨。

當社會還在貧困狀態的時候，人們常無法實現夢想，但不能總講著夢一般的事，卻不考慮現實的人生規畫。如果一個人可以就這樣工作、結婚、改變想法、開始新的生活，也能從新工作中得到價值與意義，開始新的人生吧。

自我認同的重要性

所謂的變成大人，就是確立「自我認同」（identity），而所謂的自我認同就是正面地接受「我就是這樣的人」。

就像身分證上有職業欄，人必須確立職業認同。不能只想著夢想，而要對自己的職業有自信，感到驕傲。如果不能這樣，就是尚未確立職業認同的狀態。在職業認同上，自己想做什麼與社會期望自己做什麼，這兩件事情必須一致才行。

就算覺得自己適合當巨人隊的第四棒，巨人隊不認爲如此，社會也不認同，身分證的職業欄、心裡的職業欄都沒辦法寫「巨人隊選手」吧。小朋友長大想成爲足球選手、太空人、公車司機、超人，因爲還小，所以這樣想是可以的。但是漸漸長大後，就要有現實的想法，不可能同時從事很多種職業，所以必須放下某一個，必須選擇某一個。

確立自我認同的過程中，要捨棄、中斷一些事，所以是很痛苦的。但一直都在很多選擇之間游移，一直想著哪一個最適合自己，這是很難成爲大人的。

對「閉門不出」問題很有研究的齊藤環教授，在他的著作《社會性閉門不出》（PHP研究所出版）寫著：

> **永無止境的青春期。總是抱怨工作與境遇的人，彷彿青春期少年，無法放下無數的夢想與理想，想著在世上一定有一個最適合自己的地方，游移不定。而不順利的時候，就怨嘆自己的能力或環境。**

放下、選擇，是必要的過程。倒不是說長大就不要有夢想，也不是說超過二十歲就不要追尋理想。做爲一個大人，眞的要追夢，首先就要努力。爲了夢想，現在過著屈居人下的生活，又貧窮，搞不好最終也不能成功。但一切都是自己的選擇，負起責任才是所謂的追夢。

羞恥心與罪惡感不同

會犯下無差別大規模殺人那樣犯罪的人，常常都是很有能力的人，但大多不擅長人際關係。他們的自尊心很高，希望往上爬，卻沒有自信，沒辦法在人家底下一點一點地努力，總以爲自己的境遇比實際的更悲慘。

秋葉原青年靠自己賺錢過生活，應該更有自信才對，但是他覺得自己的境遇非常糟糕。因爲自尊心太強，所以悲嘆自己的樣子跟應該有的不一樣。

感嘆，是最終保有自尊心的手段吧，因爲沒辦法接受現狀，所以想感覺自己是很偉大的存在。但過度把自己視爲悲慘的存在，就會把自己逼到死角。

爲了保護自己的心，情緒是會逆轉的，會覺得自己這樣糟糕，是父母、老師、公司、社會的錯，對周遭的激烈恨意、憎恨、憤怒，會以猛烈的氣勢一湧而上。

無差別大規模殺人的人抱持著強烈的被害者意識，比客觀上更覺得周遭的人在責難自己。對他們來說，攻擊行動是被虐待的善人做出的最後反擊，是對這個邪惡世間擊出的正義鐵拳。

只要活著，誰都多少有不順心如意的時候。遭遇挫折失敗或不小心做了壞事、錯事時，你有什麼感覺呢？是感到羞恥？還是感到罪惡？露絲・潘乃德的名著《菊與刀》這樣說：

羞恥的情感由旁人的非難而產生，罪惡的意識由個人良心的苛責所產生。

從近年臨床社會心理學，更瞭解了以下的事情：羞恥心與罪惡感意識的差別在於——關心是朝向自己，還是朝向行動。犯錯或失敗時，把目光放在自己身上，覺得自己沒有價值，這是羞恥心；把焦點放在自己的行動上，覺得自己做了一件不好的事情，這是罪惡感。

當我們深刻感受到羞恥心，便沒有辦法站在人前。而覺得自己很丟臉，「有洞的話很想鑽進去」的心理，使人在人際關係上退縮，想逃離。

罪惡感是比較正面的想法。有罪惡感意識的人想著：「做了很對不起對方的事情，不管怎麼樣，一點點也好，一定得做一些補償。」會嘗試去修復人際關係。

努力地道歉、認錯，修理弄壞的東西，找尋可以做出的補償，如果抱持著這種罪惡的意識，就會懺悔、謝罪，以更好的行動試圖挽回局面。

再者，羞恥心的意識會為了保護自己的心，產生憤怒的心理，覺得「不是自己不好，而是周遭人的錯」，攻擊傾向就會更明顯。

相對的，如果抱持罪惡感意識，就不會喪失對周遭產生共鳴的能力，能「與喜樂者齊喜樂，與悲泣者同悲泣」，不會做出粗暴蠻橫的行為。正確的罪惡感不同於羞恥心，會創造出建設性的思考與行動，不會想毀滅自己。

不過，如果只是讚嘆「人類很棒，你有無限的可能性」，可能會使人在成功時變得傲慢，在失敗時又感覺丟臉，因而搞孤獨，變得蠻橫。當然也不是說一開始就不要擁有夢想。每個人都不一樣，我們必須承認不論誰都有弱點、都有醜陋的部分。在這個前提下，有時必須放棄一些事。

但重要的是，即使這樣，也不要忘記自己的價值，要繼續往前邁進。

撒嬌——攻擊型犯罪

無差別殺人般的犯罪，不是爲錢，不是因爲有恨意，也不是爲了自己的利益，加害者雖然說「誰都可以」，但沒有選擇強大的人，反倒選一些弱者。

現在有許多年輕人對弱者發動攻擊，譬如，在班上將一個人設定爲目標，全班一起不斷地欺負他。又譬如，青少年攻擊遊民的事件。對象都是不會反擊的弱者。

這種以弱者爲目標的犯罪，可以稱爲「撒嬌——攻擊型犯罪」。

我們可能有對誰亂吼的時候；也有不合理地斥責別人、蠻橫地將自己的怒氣直接向對方發洩的時候吧。但不管是再怎麼愛生氣或到處亂嚷嚷的人，通常也會選擇生氣的對象。對別人隨便發怒，不只是認定對方不會反擊因而安心，也是對這個人「隨便生氣也沒關係」的一種撒嬌方式。

這種行爲就像幼兒對媽媽生氣一樣，因爲是向媽媽撒嬌，所以會提出一個接著一個的要求：「媽媽我要吃飯。」「媽媽陪我玩。」在不順己意時，憤怒與傷心爆發，就向媽媽喊著：「媽媽是笨蛋！大笨蛋！」

有些人長大了卻沒能擺脫這個行為，對下屬、店員、櫃臺的人、公務員等會聽自己抱怨而不會反駁的人，毫不客氣地發洩怒氣。如果只是嚷嚷的話，頂多就是「討厭鬼」、「麻煩製造者」、「怪人」而已！但是當這種撒嬌的心理與行為沒辦法被接納時，湧起的激烈憤怒與攻擊心可能會使人犯罪。

他們希望自己更被重視，希望周遭更認同自己、聽自己說話、多珍惜自己，希望周遭為自己行動起來。他們雖然已經是大人，但還是追求著幼兒期未成熟的人際關係，就像要求母親一樣。當要求不成時，就會發怒生氣。

即便這樣，受過社會訓練的人會有克制自己的能力，在不到傷害罪、性騷擾或職場騷擾的程度內，做出某些攻擊。但沒受過這種訓練就長大的青少年，沒辦法擁有被誰愛著的安心感，也沒有控制自己的能力，就會在現實世界裡施展暴力。

路上無差別殺人的犯人們呼喊著社會、父母的不是，要大家多看看他、多注意他，在這樣的呼喊中犯下「撒嬌——攻擊型犯罪」。犯下的罪行雖然粗暴可怕，但是以心理狀態來說，其實跟撒嬌的孩子耍脾氣沒有兩樣。

陷入自暴自棄的心理

他們殺人，變成犯罪者，也毀了自己的人生。如果是考慮自己的得失、想保身的普通犯罪者，不會犯下像秋葉原事件這種絕對會被逮捕的犯罪，而會避開被判死刑的可能。殺死別人，想結束人生的他們，是把自己的人生與生命都看得太輕了嗎？

不是這樣的。如果把人生與生命看得很輕，就不會犯罪。把人生看得很輕的人不管做什麼職業、別人怎麼評價他，都會覺得沒什麼大不了的。

所以，殺人者應該非常重視自己的生命與人生。這就像小孩子用積木努力地蓋城堡，歷經辛苦，中途也有很多不順利，但總算堅持到這裡了。這時候，愛欺負人的孩子出現，轟的一聲把珍貴的城堡打爛了。這下好了，城堡被弄壞的孩子應該怎麼辦呢？

冷靜以道理來想，這麼努力做到這個程度的珍貴城堡，還是把它修理好吧。但正因為是這麼寶貝的城堡，被弄壞的悲傷、委屈，碾碎了孩子的心。他一邊哭著，一邊自己把城堡打垮，說：「不要了！像這種城堡！」說不定還會把積木丟過來。

如果珍貴的東西被別人毀掉，會想著不如自己毀掉。生命、人生、夢想與才能都是很重要的，但就因爲重要，當誤認夢想被別人破壞、人生被打亂、才能沒能被認同的時候，就會陷入「算了」的自暴自棄狀態。

少年們說著：「我要當不良少年！」「死給你看！」可是，想當不良少年其實不用宣布，做就是了吧。他們眞正想說的是：「你看著吧！我去當不良少年都是你的錯。你就這樣看著我變成不良少年，好好反省吧！」這是他們對父母、老師或社會的控訴。

「死給你看」這樣的話也一樣。比起犯下偏差行爲更讓人困擾的就是「死給你看」，可能希望誰發現內心的呼喊吧！又或者想傳達「你就看著我自殺死掉的樣子，一輩子後悔吧」，這樣的訊息。

八王子路上無差別殺人事件的加害者男性說：「想要讓父母爲難。」而這正是「我要當不良少年」、「死給你看」的想法。他們想要向父母復仇，非常有技巧地做出讓父母最困擾的事情，讓他們的面子與自尊心徹底粉碎。因爲他們覺得就是父母把自己的人生弄得什麼都不是了。

輕度發展障礙——亞斯伯格症

犯下無差別殺人的青少年多多少少都不擅長人際關係，其中有些案例被診斷出特定病名，有輕度發展障礙的其中一種——亞斯伯格症。

亞斯伯格症雖是廣泛性發展障礙（廣義的自閉症）的一種，但是並沒有智能或明顯的言語發展遲緩狀況。他們看起來就是普通的孩子，但是沒辦法順利地處理微妙的人際關係。

他們在朋友群裡有時會變得很顯眼。在學習上、運動會或校慶時，他們非常努力，會讓周遭的人覺得過度認眞、太遵守規則了。他們可能知道很多困難的詞彙，喜歡發表，會在不大相稱的場合像主播般優美地表現，雖然用法沒錯，但卻是普通會話裡不會出現的大人用語或成語。他們在聽別人說話時，也苦於理解微妙的語感或背後的意義，只能依照文字表面去解釋。

有些孩子對字典類的知識很熟悉，有些對背誦、數理科目、電腦很拿手，有些人成績非常好。即便成績沒有很好的孩子，也因爲知識淵博而得到好評，可能被朋友稱爲某某博士，因而受到尊敬。但是他們有非常不靈巧或不擅長運動的一面，有些對聲音及光線敏感。很多對其他學生沒什麼影響的事，他們卻有很強烈的反應。

這些他們不擅長的事，可能會讓別人以為他在搞笑，或以爲他把人當笨蛋，產生反感。有些人的人際關係因此惡化。

但是，不是有亞斯伯格症就會犯下罪行，有亞斯伯格症的人反而會好好守規矩、聽命令，認真努力地致力於某件事，可以說不太容易犯罪。亞斯伯格症雖然有「症」這個詞，但是一直到接受精神鑑定爲止，本人或周遭的人都不會發現那是障礙吧，就是這麼微妙。

就算有亞斯伯格症，程度也因人而異，如果外表沒有一見便知的症狀，也沒有特別的意外，這樣的人可能不會意識到自己有亞斯伯格症，就這麼過完一生。或者，頂多就被評價爲是個有點奇怪的孩子。其中有些人不適應學校生活，需要支援。

學校裡很多這樣的人。有些人完全沒發生任何問題，像一般人一樣讀書、就職、結婚，過著和一般人一樣的人生。也有人個性有點奇怪，不太會與人相處，但是數理能力很好，在學校或社會中都很有能力，幸福地生活著。

如果症狀嚴重，即使成績很優秀，可能也會遭遇人際關係上的衝突。他們正是因爲很認眞、拚命，所以沒辦法與周遭馬馬虎虎的人好好相處。如果周遭的人能認同他的能力與個性，那就還好，但他不太自然的說話方式、過於認眞的態度，可能使他因此被戲弄、揶揄。

在這種人際關係衝突中，他們往往是被害者、被欺負的一方，幾乎不可能去欺負人。由這一點來看，他們離犯罪加害者有很遙遠的距離。

不管病狀的程度，有的人可以適應周遭的情況，有的人沒辦法，這與本人的能力或努力的確有關係，但是他們的身邊有沒有支援，也是很重要的因素。如果小小的障礙總是被挑剔、被嘲笑戲弄，又過當地被強制做一些嚴格的訓練，當然會產生不適應的症狀。如果從另一個角度理解他們的特別之處、支援他們發展好的部分，他們就能適應環境，發揮能力，過著幸福的人生吧！

兒童及青年精神醫學專家，同時也是精神科醫師的十一元三教授，將曾有反社會行爲、卻是守規矩類型的「廣泛性發展障礙少年」，分爲以下幾個類型：首先，因爲不瞭解廣泛性發展障礙的自閉特性，而由「不理解」及「惡性循環」產生的偶發型。其次是被性衝動強烈影響的性衝動型。還有因爲對知識好奇而產生的理科實驗型，以及因爲人際關係上的交錯而產生的人際過度負荷型。

因亞斯伯格症而導致犯罪的案例極爲稀少，有人認爲沒必要特別把這個症狀提出來講，這樣反而增加一般人對這個病症的偏見。我認爲這是非常正確的意見。但是犯罪，特別是青少年的殺人事件，本來就是很少發生的事情。即便此障礙不是直接的原因，也可能是犯罪背景的一部分。

爲了理解犯罪行爲，推導出防範的方法，也爲了加深對輕度發展障礙整體的理解，創造出更好的支援，必須有完善的驗證！

注意力缺陷過動症

輕度發展障礙除了亞斯伯格症之外，還有學習障礙、注意力缺陷過動症（ＡＤ／ＨＤ）等。有注意力缺陷過動症的人，沒辦法適當地對事物集中注意力，心思飄忽不定。有時沒辦法集中精神上課；有時對某件事情過度集中精神，因而跟不上大家的行動；或是上課時不安地動來動去，有過動的症狀。

福島章教授曾論述，注意力缺陷過動症才是孩子們各式各樣問題的根本。這樣的孩子長大後，過動的狀況一般會改善，但也有一些人煩惱著沒辦法整理東西等問題。

有的注意力缺陷過動症是「對立反抗性疾患」，他們反抗大人，不遵守規矩。有的一跟大人說話就起紛爭，時常動肝火，總是歸責於他人。「品行疾患」也是一種類似的病症，更容易做出犯罪般的破壞行爲或粗暴舉動。全國的少年鑑別所對所有入所者進行了調查，結果發現半數都有品行疾患。

對立反抗性疾患的注意力缺陷過動症，其發展到品行疾患的過程，有專家稱爲「破壞性行動障礙過程」。雖然確實有這樣的案例，但是大家過度對注意力缺陷過動症感到不安的話，會產生反效果。

這些調查及研究讓我們明白，以注意力缺陷過動症爲首，對輕度發展障礙的少年們提供適切的支援，讓他們對將來懷抱希望，這才是最重要的。

輕度發展障礙中有一種是學習障礙，這並不是整體智能有發展遲緩的障礙，只是在讀、寫、計算等能力上，有一項沒辦法順利發揮。如果不能理解那是學習障礙，可能會誤解他在偷懶、耍賴。或者大人們可能基於善意，但是過度給他壓力，使他因此失去了自信。

輕度發展障礙者需要的不是不經理解的處罰或說教，而是跟他需求一致的支援。

精神官能症

不管是誰，遇到打擊都會感到沮喪，或是有生氣到忘了自己是誰的時候吧。也可能有過度激烈的行爲舉止。這樣的人並不是生了什麼病，只是反映了悲傷與憤怒罷了。心裡被各種壓力塡滿，只要狀態一被打亂，就會出現精神官能症的症狀。精神官能症也有很多種，例如各種恐懼症，像是懼高症、幽閉恐懼症、尖端物恐懼症、不潔恐懼症、社交恐懼症等。社交恐懼症又有紅臉恐懼、視線恐懼、自我異味恐懼等。

對某些事情有強烈執著的叫強迫症。窗戶有沒有關好，有的人要檢查好幾次才放心；有人則是頻繁地洗手，要是不能如此，就會感到不安。而焦慮症是以不安爲中心的症狀，視情況會有強烈的反應。

有各式各樣的精神官能症。健康的人與有精神官能症的人，可以說只是程度上的差別，譬如說，就像我們其實也可以把害怕高處當作普通的事情來看。

精神官能症是常見的心理疾病，理解此症可以說是在理解人類吧。

沒有因爲精神官能症而犯罪的人嗎？譬如誘拐少女，將其監禁長達九年的案子——新潟長期女性監禁事件。犯人閉門不出，罹患重度不潔恐懼症，也因此出現了社會生活方面的障礙。

醫學上或日常生活中一直使用著精神官能症這個名詞，但是近年美國的診斷基準中，開始不使用這個詞，而是把焦慮症稱爲「焦慮性疾患」、「恐慌症」（伴隨不安而發作的焦慮症）；把強迫症稱爲「強迫性障礙」。還有過去稱爲歇斯底里、人爲性官能症（Factitious neurosis）的症狀，現在則稱爲「解離症」。

解離症裡有一種人格解體障礙，會覺得心理跟身體分離，腦袋一片空白，失去現實感與感情。這樣的症狀在日常也會發作，長時間持續時會十分痛苦。

解離性失憶症起因於很大的壓力，導致記憶喪失，譬如，回過神來發現自己在某個店裡，但卻完全沒有去那間店的路程記憶。而有解離性神遊症的人會突然人間蒸發，行蹤不明。另外，解離症裡最具戲劇性的是解離性人格疾患，也就是俗稱的多重人格。

某一天，發現自己的房間裡放著自己絕對不會買的東西，或有素不相識的人親切地來跟自己打招呼、話家常。雖然沒有記憶，但在某一段時間完全以另一個人格過生活，這就是解離性人格疾患。

解離症起因於強烈的壓力，而解離性人格疾患被認爲是小時候遭受類似虐待的經驗，長期處於該壓力下而發病，例如被親生父母虐待，在強烈壓力下，心裡描繪出這樣的景象——被虐待的不是自己，而是另一個孩子。這樣成長到了青春期，另外一個人格就突然登場。

連續劇或小說中常常出現多重人格的角色，但一直以來，日本幾乎沒有這樣的病例，只是近年接受解離性人格疾患診斷的人增加了。

在犯罪案件中，精神鑑定結果爲解離性人格疾患時，檢察官會懷疑是不是裝病。再者，即便在診斷正確的基礎上，要判斷其有無責任能力也十分困難。東京琦玉幼女連續綁架殺人事件的加害者，有三個精神鑑定結果，其中一個判斷他有多重人格（解離性人格疾患），但是判決並沒有採用這個鑑定。

二〇〇五年，東京澀谷某牙醫家發生的殺害妹妹事件，法院採用的鑑定裡敘述加害者有輕度發展障礙，加上中學時有強迫性障礙，殺人時雖然有責任能力，但是在毀壞遺體時處於解離性人格疾患的狀態，沒有責任能力。如此病例一樣，同時有多種心理疾病、障礙，也是常有的事。

有人格障礙的人正在增加

現代人擁有富饒、便利的生活，但身負多種壓力與煩惱，心中失去了平衡。佛洛伊德成長的二十世紀，可以說是精神官能症的時代吧！但到了二十一世紀，比起這種自己心裡煩惱的精神官能症，給周遭帶來困擾的人格障礙開始受到注目。有意見認爲，人格障礙病例近年正在增加。

前文提到「理解人格障礙就是理解人類」，而二十一世紀可能是人格障礙的時代。精神科醫師岡田尊司在其著作《人格障礙：如何對應、如何克服》（ＰＨＰ研究所出版）中敘述：

藉由理解人格障礙，可以看出整體現代人脆弱的特性與空虛感、活著的難處等這些事情的本質。

精神官能症是一種暫時的心理不適，而人格障礙則是長年累積造成的人格扭曲。每個人當然各有個性，但人格扭曲已經超過「個性」的範圍，到了自己困擾、他人也困擾的程度，所以叫做人格障礙。

有人格障礙的人對自己有強烈的執著。從周遭的角度看來，他們與普通人不一樣，有獨特的行動和想法。雖然給旁人帶來麻煩，但他們非常脆弱，總是苦於不安及不滿。他們雖然像是危險的存在，但獨特的一面有時候也顯得非常有魅力呢！

有些人因爲人格障礙，把一生都荒廢了，但只要有適切的支援與優秀的夥伴，就能使他們發揮魅力，在社會上成就非凡。藝術家、有手藝的匠人、藝人、運動員、研究者、企業家等，有一些相當獨特，他們絕對沒辦法當一般上班族吧。即便這樣，只要碰上好的環境與支持自己的夥伴，也有人得以發揮長才。譬如，個性相當古怪的演員，但如果有人鍾情於他的演技，並以經紀人的身分支援他，這個以站上舞臺為喜悅的人就可以繼續活躍。

綜上所述，就算有人格障礙，也絕對不會因此就人間失格。我想一邊思考人格障礙與犯罪的關聯，一邊敘述人格障礙引起的紛爭。就如精神鑑定結果常用以下的語句登場：「雖然有人格障礙，但並非思覺失調症，判斷其有責任能力。」人格障礙本身不是犯罪的原因，但是在犯罪的背景、遠因裡，人格障礙可以說占了相當重要的比例。

邊緣型人格障礙症

人格障礙中，站在最核心位置的是「邊緣型人格障礙症」（Borderline Personality

Disorder）。有意見指出，正在增加的人格障礙中，特別是邊緣型人格障礙症，在青少年中激增。爲了瞭解人格障礙，先詳細地介紹立於中樞地位的邊緣型人格障礙症。

這樣的人想著不知道何時會被所愛的人或重要的人丟棄，所以害怕、不安。譬如，朋友比約定時間晚到五分鐘，他們就會感覺被丟棄，而爆發憤怒。也因爲害怕被丟棄，所以就算是說謊話，也要控制對方，形成自己的夥伴圈。如果被那樣的謊言擺布，醫院、學校、公司等組織都會有強烈的動盪，他們也會被認爲是很糟糕的麻煩製造者，是很任性的人。

這樣的人對他人的評價、看法，十分極端。以爲會被他們評價爲理想優秀的人，卻被評價爲最糟、最壞的人。以爲是要依賴人，卻激烈地攻擊、反抗對方。他們總是煩惱、不滿意自我的不完整。狀況好的時候很有勁，但是也常常陷入憂鬱狀態，所以他們常常被誤解有憂鬱症或躁鬱症。當心情沮喪、不安定時，還會割腕或自殺。想要死的心情雖然是事實，但有時候也會暗示自己要自殺，以此控制他人。

他們爲了一直無法排解的失落心情，可能追求刺激的行爲，或有偷竊、異常的性偏好、偏激的人際關係，以威脅他人、控制他人爲目的，行爲程度會不斷提高，譬如用刀刃殺傷人，或是放火。

有邊緣型人格障礙症的人看起來好像是故意想引起衝突，但其實是靠那樣的行爲在支持自己。

他們在不安的情緒中，找到覺得跟自己很合的人，就會覺得對方很棒，完全信賴對方，總是有事拜託。這樣的事情持續久了，對方總有一天會離去。如此一來，他們就會非常憎恨對方、灰心喪氣，使人際關係更差。他們的人生不斷地重複這樣的事。

很多案例沒辦法感受到父母給他的愛。一般來說，隨著成長，就會從對父母的執著中畢業，但是有邊緣型人格障礙症的人，不管到幾歲都沒辦法從父母那裡畢業，就算成爲大人，也沒辦法從不被父母疼愛的痛苦中解放，總是持續地尋找與理想父母一樣完美、一樣愛著自己的人。

在他們之中，有些人小時候受到很過分的虐待；有些人則在很好的環境裡長大，家有雙親、經濟富裕，但成長過程中，心裡卻一直很寂寞；也有一些家庭，隱藏著外人不知道的怒意、敵意等激烈的感情。

有些母親雖然很注意育兒，但沒有一貫性的教育，或是變成了入侵孩子心房、過度干涉的母親。被這樣照顧長大的孩子，有些到人生中途都還很好，是高材生，讓父母在外可以很自豪；但是在某個地方出了問題後，在家庭裡也變得像多出來的孩子。

無法抓好與他人的距離

人即便有能力，如果沒辦法與他人保持剛剛好的距離，工作就會不順利。在重複了幾次失敗經驗後，有些人會對人產生不信任感，更加深對社會的恨意。據說有百分之二的人有邊緣型人格障礙症。

在網路上，他們引起衝突的狀況也不少見，譬如在網路交流版上，很有能力的人應該很有魅力、很有人氣吧，但他們很容易受傷。狀態好的時候，能溫柔地關懷受傷的人。如果喜歡某個交流版，尊重那個版主，能犀利地批判社會，對弱者也能夠溫柔親切，當然就會有粉絲！

但是，他們會因為小小的原因破壞了平衡，覺得受傷，就突然向版主提出不合理的要求，如果無法對應他們的需求，就會開始非難、攻擊別人。當有人格障礙的人提出蠻橫無理的要求時，「平穩、清楚」的回答是很重要的。如果跟他們吵起來，只會使事情惡化。

但如果因爲這樣就給他們特別待遇，那其他的參加者也會抱怨，而一直回應這些要求的版主最後也會累癱，所以平穩、清楚地傳達能做的事與不能做的事，非常重要。

網路交流版這樣的互動，如果有第三者加入，問題就會更複雜。本來就能犀利發言，同時又有脆弱、溫柔一面的人，也會有他的粉絲或想保護他的人。這樣的人站在他那邊，說著應該要聽他的要求等不負責任的發言，紛爭就會更惡化。這些人們是善良的，想站在正義的一方，但結果卻使衝突更擴大。

沒有好好表明「不行的事情就是不行」，只是在每個場合配合對方，這對有邊緣型人格障礙症的人來說，反而會使事態更惡化。交流版上各方意見白熱化時，有邊緣型人格障礙症的人爲了貫徹自己的意見，就會一人分飾兩角，僞裝冒充他人，開始做一些虛僞的發言，這下子就更混亂了。

如果變成這樣的話，版主可能受不了而關閉交流版，其他的參加者也可能就退出了，又或者將某人設爲黑名單，使他無法連結進來。不管是哪個方式，有邊緣型人格障礙症的人都沒辦法感受到勝利的喜悅，而是感嘆這次也不順利。他們不是一開始就懷有惡意、想與誰起衝突，其實很想保有一段人際關係。所以爲了保護自己，也爲了對方好，要平穩、清楚地說明可以做的事情與不可以做的事情。

治療人格障礙並不容易，但不是不可能。近年來，人格障礙的治療進步了。有重大衝突時，醫療的連結很重要，但改變人格這件事情並沒有處方，需要周遭的支援。

《讀賣新聞》連載報導「醫療界的文藝復興　邊緣型人格障礙症」（二〇〇八年五月），曾介紹苦於此症的人。某個女學生說，因爲與情人分手，拚死地要留住對方而努力到超過嘗試的境界，陷入嚎啕大哭等無法控制自己的不安定狀態，因而住院接受精神科治療。這個女生讀了有關邊緣型人格障礙症的文章，裡面寫著：「極端地恐懼被情人等他人丟棄，會突然責難對方，或暗示自己要自殺等，做出異常的努力只爲了維持關係。」她愕然失色，好像就是在說她自己。

她從大學退學，回到老家，與咖啡店一位六十歲的女老闆變得關係很好。不過，因爲這個老闆對她說「再多加油點」，她就生起氣來，兩人的關係也因此差點搞壞了。但這個老闆正與癌症般攸關性命的疾病對抗中。即使在那樣的狀況下，還替她著想，給她「嚴格但溫暖的建議」。她知道實情後便開始修復人際關係。這件事變成一個轉捩點，使她重新開始、好好地經營自己的人生。

有邊緣型人格障礙症的人如果有很棒的相遇或心理醫學的支援，就能夠獲得改善。這樣一來，就能發揮本來的能力及溫柔，做好工作，但是到達此目標的路途，可能相當險惡又漫長。

前文提到精神科岡田尊司醫師的著書《人格障礙：如何對應、如何克服》，其中闡述人格障礙的特徵，具體說明周遭該如何支援才是有效的，以及本人應該怎麼做才能改善人格障礙。

岡田醫師建議有邊緣型人格障礙症的人：「不順利的時候，試著不要推託是別人的責任。」因為他人不會總是照自己想的去做，把責任推給別人、依賴別人，將壓力蒙混在與他人的交流中，這樣持續下去，將失去讓自己變得堅強的機會。他也說：「想改變自己，最終只能靠自己，自己要支持自己。」

自戀型人格障礙症

現代社會中，特別成爲問題的人格障礙，除了邊緣型人格障礙症之外，還有「自戀型人格障礙症」（Narcissistic Personality Disorder），有此症的人是極端的自我陶醉者，覺得自己是特別的存在。

每個人當然都是特別的存在，喜愛自己是很重要的事情，如果不愛自己，會產生很多不適應與心理問題。但是，健康的人除了覺得自己是不可替代的重要存在，同時也覺得其他人很重要。

有自戀型人格障礙症的人覺得只有自己是特別的存在，別人全都可有可無。他們只關心自己的事情，對他人很冷淡，或是若無其事地利用他人。順利的時候，是個讀書與工作都很棒的人，會被認爲是很有魅力的俊男美女吧。他們固執地追求無限、無窮的成功，與權力、才氣、美麗，或理想的愛；覺得自己是特別、獨特、有特權的，只有其他特別或地位崇高的人才能瞭解自己；相信人脈是必須的，想跟有名的人做好朋友。

他們總是過度追求讚美。正好小時候就長得很漂亮或鋼琴彈得還不錯的話，被疼愛、被稱讚的心理就能得到滿足吧。但是，人是沒辦法一輩子都一直被稱讚的，當他們沒辦法得到稱讚時，就算說謊，也想滿足自己的虛榮心。

精神科町瑥靜夫醫師在其著書《自我中心的病理：苦於過度自戀與現實差距的年輕人們》（雙葉社出版），敘述奧姆眞理教的首謀麻原彰晃（松本智津夫）的個性，其基底就是自戀型人格障礙症。

二十一世紀是人格障礙的時代，有人格障礙的人正在增加。這並不是說有很多自戀型人格障礙症的人，這樣的人口大概占百分之一以下。但即使不到人格障礙的程度，有這種傾向的人應該很多。現代青少年很多都有自戀型人格，卻無法確信現在這樣的自己是特別的存在。

即便如此，還是有很多人自尊心很強，做一些勉強自己的事情，也看不起他人，試圖滿足扭曲的自戀心態。這些青少年會極端地擺出一副了不起的樣子，或是擺酷。

心理學者速水俊彥教授在其著書《瞧不起他人的年輕人們》（講談社出版），描繪了這種年輕人的樣子：

年輕人們在心底對自己不滿意，因此尋求自我肯定感，在網路上探求、收集資訊，把周遭的人當作笨蛋。這樣的他們，一生氣馬上就會表現出來，總是以自我為中心，只要大家不關切自己，就會不甘心。

各式各樣的人格障礙

「戲劇性人格疾患」（Histrionic Personality Disorder）也像自戀型人格障礙症一樣，想成為大家注目的焦點。他們常常想成為主角，很喜歡讓別人驚訝。當沒辦法用實力令人吃驚時，也會巧妙地說謊。他們的謊話很有眞實性，足以動搖人心。即便有人因為謊言而遭遇不測，他們也不介意，只要自己可以被注目，怎樣都好。

他們常常演出被害者的角色，說身體這裡不舒服、那裡不舒服，不是單純裝病而已，也有病狀，但是去看病卻找不到哪裡出問題。這是希望周遭的人更注意、更保護他們的心理，而讓身體產生病狀。有意見指出，百分之二到三的人有戲劇性人格疾患。

有「妄想型人格障礙症」的人如前所述，疑心很重、無法信任人。當有人笑，就會懷疑對方在嘲笑自己；當稍微被其他人提醒，就覺得受到極大侮辱，因這樣的想法產生對人的攻擊態度。有觀察指出，有比較冷淡的父母，便容易產生這種扭曲的人格。

「畏避型人格障礙症」如前所述，這樣的人對受傷、失敗之類的事情極端恐懼，所以會迴避有可能被批判或非難的場面。非常消極、無法接受挑戰，對於開始新工作感到強烈不安，也很難有親密的友人。很多案例的父母都是很努力的人，對小孩很嚴厲，督促他努力，結果與父母期望的恰恰相反，他變成因害怕而不敢挑戰事物的人。

有「類分裂型人格疾患」（Schizoid Personality Disorder）的人，總是一個人，沒辦法感受身為團體一員的喜悅，即便與家人在一起也一樣，幾乎沒有親近的人，不想交朋友，也不想談戀愛，沒有其他的欲望。對一個人默默進行的工作，他可以發揮優秀的能力。秋田連續幼兒殺害事件的加害者女性，在地方法院階段接受精神鑑定，結果說明她有「分裂病型的人格違常」、「無法適應社會，有欠缺社會性的部分」、「日常生活上沒辦法與社會維繫關係，沒有成熟的社會性、沒有打掃或善後的能力」。

有「分裂病型人格疾患」（Schizotypal Personality Disorder）的人，相當古怪，可

能被當作怪人吧。這樣的人相當獨特，在研究、宗教、藝術方面能夠發揮長才，也有神祕、魔術般的思考方式。但是他們不擅長處理現實問題，一般事務或是幫忙搬家這類事情，他們應該幫不上忙。但他是點子王，有很多新鮮的想法，或許可以領導大家。百分之三的人有這種分裂病型人格疾患，臨床心理師矢幡洋曾說：「以常識來看完全不能理解的凶惡犯罪，背後都有分裂病型人格違常的問題。」

很少有一種人格障礙或心理疾病會直接變成某個犯罪的原因，就算犯人有什麼障礙，有同樣障礙的人大多也不會犯罪。所以有些意見認爲，爲了避免偏見，我們不應該談論犯人的精神障礙。

我們當然應該去除偏見與歧視，這不只讓犯人及他的家人痛苦，對防範層面上也有不好的影響。但是，犯罪精神科作田明醫師在其著書《爲何普通的孩子們會變成犯罪少年呢?》（Adore 出版社出版）提到：「就算那樣的現象很少，但是不提及的話，在犯罪精神醫學上來說根本不行。考慮社會整體，有必要徹底地研究人格障礙，就算只有一點幫助，也應該努力減少犯罪的發生。」

反社會型人格障礙症

犯罪由複數個重要原因組合而成，譬如大阪的大學附屬小學兒童殺傷事件，福島章教授在其著書《犯罪精神醫學入門：人爲何殺人？》（中央公論新社出版）中如此觀察犯人：「他從小就有注意力缺陷過動症、學習障礙、廣泛性發展障礙（亞斯伯格症等自閉性障礙）等，在他身上發現多種發展障礙。現在，過動的症狀也仍持續著。」

他在家中雖然不到被虐待的程度，但是那個家是個暴力的環境。當青春期危機來臨，他出現了很多問題行爲，可以說是有行爲障礙。從這個時期開始，他就有了享受幻想犯罪的症狀。進入青年期後，患了邊緣性人格障礙症、反社會型人格障礙症（Antisocial Personality Disorder），開始對女性使用暴力。二十多歲後半，又患了妄想型人格障礙症。在他陷入抑鬱狀態後，覺得被家人捨棄，帶著自殺的衝動，襲擊小學的犯罪幻想高漲，最終犯下罪行。很多的重要原因互相牽連，大規模殺人事件因此發生，如果過程中有其中一個原因被排除了，結果說不定就不一樣。

這個案例顯現出來的反社會型人格障礙症，與犯罪有深入的關係。這樣的一群人反覆出現暴力行爲、偷東西、破壞東西、欺騙，毫不在乎地違反規則，有的甚至傷人或殺人。即使如此，他們不會因爲做了壞事而感受到良心的苛責；就算因爲魯莽的行爲使旁人甚至自己落入危險，也不覺得怎麼樣。這些人無法考慮將來，衝動地行動，毫不在乎地犯下凶惡的犯罪，其中就有人有反社會型人格障礙症。

不過，不是全部有反社會型人格障礙症的人都會犯罪，如果能讓他們順利發揮特殊的能力，最終也能在社會上成功吧。有百分之三的男性、百分之一的女性有反社會型人格障礙症，研究指出，美國的受刑人半數有反社會型人格障礙症。

反社會型人格障礙症裡，特別是犯罪傾向比較強的，有犯罪心理學者稱其爲「精神病態」。精神病態的人總以自我爲中心、驕傲自大、衝動、冷酷，又不負責任，如果成了犯罪者，就會犯下冷酷又凶殘的犯罪。

譬如，連續殺人犯泰德・邦迪，強暴並殺害了三十位以上的女性，但他是非常有魅力的男性，有智慧、長得帥，又有幽默感。他也是共和黨員，認識黨內有力人士。《現代殺人百科》（青土社出版）的作者柯林・威爾遜這麼說：「邦迪看起來是跟犯罪無緣的好青年。」被逮捕後，邦迪在審判上的言行舉止也讓他人氣高漲，甚至出現邦迪T恤。他如果不是犯罪者，應該會以政治家之姿走向成功的人生吧。

即便出現反社會型人格障礙症的特徵，根據美國精神科診斷手冊（DSM）來看，未滿十八歲時叫行爲障礙（素行障礙）。而在還小的時候，因爲很難判別其粗暴的問題行爲到底是人格上的問題，還是發展途中出現的狀況，所以會避免去判斷是否爲反社會型人格障礙症。未滿十八歲的男生有百分之六到十六（女生大概是這個數字的一半）有行爲障礙。雖然有這麼多青少年會莽撞、不在乎地破壞規矩，很多人在長大後就獲得相當程度的改善。

好孩子的犯罪、壞孩子的犯罪

青少年裡有好孩子、壞孩子，少年犯罪也有好孩子犯的罪、壞孩子犯的罪。好孩子犯的罪叫「壓抑過剩型」的少年犯罪，他們的家庭看起來沒有問題，但如果父母的養育態度太過嚴格，孩子就會強烈地壓抑自己的欲望與感情。他們表面上雖然是「好孩子」，但是心裡有著強烈的糾葛與緊張情緒。

人不能不控制自己的欲望與任性的想法，隨著欲望去行動雖然是不好的，但是過度壓抑欲望也不行。有禮貌的高材生裡，有一直忍耐著的青少年，他沒有任何偏差行爲的紀錄，卻突然犯下重大案件。高材生的突發型凶惡犯罪，是社會注目的類型。

壞孩子的犯罪是「未社會化的攻擊型」的少年犯罪，他們的家庭問題很多，在父母的拒絕、放任、虐待中成長，沒有接受適切的教育與家教，總是處於高度欲望不滿的狀態。他們有攻擊性、不信任人，沒辦法擁有溫暖的人際關係，重複著各式各樣的偏差行爲，是傳統的非行少年典型，也是不良少年型的犯罪者。

某個家庭法院的調查官說：「比起以前的不良少年，現在有高材生犯下突發型凶惡犯罪，更難使其更生。」

一直忍耐過來的好孩子，心裡的傷可能更深。

現代社會與現代家庭有著各式各樣的問題，在這樣的環境裡長大的二十一世紀的青少年，盼望有發光、發亮的人生，但過得不順利、努力掙扎的年輕人非常多。說到「最近的年輕人」，我們不能只是嘆氣，抱著頭苦惱，該怎麼理解他們？有什麼具體可做的事？最後一章，我們一起來思考吧！

第六章　爲了不製造犯罪者

我們生活在不安的環境中

「誰都可以」、「誰都可以，就是想殺人」，說著這種話，犯下無差別大量殺人的青少年們，成績雖然不錯，卻不擅長人際關係。然後在某一個階段，他的學校生活、家庭生活或社會生活遭遇挫折。「不擅長人際關係」這件事情本身並不是什麼壞事。往外看，不擅長人際關係的藝術家、電腦技術員，比比皆是，他們在社會上有一定的能力，朋友雖然不多，仍有幾位好友，身邊也有好的家人，過著幸福的日子。

但是，無差別大規模殺人者們，彷彿孩子般不斷地執著於親子關係，嘆息著沒有朋友、沒有固定的職業，或感覺自己的人生比實際上更悲慘。他們有如非行少年般憤恨社會與暴走，不能滿足於打破學校玻璃，所以在路上無差別殺人。

我們想想，你的家人沒有問題嗎？你的學校、職場、居住的城市，都沒有問題嗎？

懲罰無法培養出道德心

你的心裡也有某些憤怒或憎恨吧？或許也有誘惑你去犯罪的種子。青春期、青年期時，你也曾經很不穩定吧。現在的孩子們也一樣。但大部分青少年不會犯罪。你呢？你為什麼沒犯罪？是因為不想要被警察抓？還是因為害怕刑罰？

根據調查，非行少年們也會做壞事，但是想逃避處罰，有時甚至因此犯下更嚴重的罪。奈良放火殺人事件的犯案少年說了謊之後，因為想要逃避父親的懲罰，所以放火把家燒了。

正確的想法是：不是因為會被懲罰，所以不做壞事，而是因為壞事就是壞事，做壞事是不可以的。的確，在幼兒時期，一定的強制力是必要的。對於想摸熱爐的孩子，家長會打一下他們的手吧，某些時候有必要用威脅或強制的方式阻止小孩子做壞事。

但總是用這種方式管教，無法培養孩子的道德心。使孩子恐懼或使用強制力管教，只會教出懂得逃避挨罵的孩子。在他們年紀還小的時期，有必要順勢逐漸減弱強制力。這麼一來，孩子就會把父母的憂心內化，想做壞事的時候，內心就會感到痛苦。

想培養心中的道德本質，單單懲罰或說教是不夠的。不可欠缺的是愛的基礎。孩子應該在被愛著的實際感受中，培養出好好對待自己的能力，要想著：因爲是這樣珍貴的自己，所以不可以做壞事。如果感覺連父母都不愛自己、自己沒有價値，很難想像這樣的人會提醒自己不要做壞事，而要做個好人。

一般人就算辛苦也要遵守規矩、壓抑自己的欲望、考慮他人，然後努力達成一件事。會失去這樣的想法，跟一般人「不會想費工把腐敗的青菜，做成好吃的料理去招待別人」是一樣的。如果食材本質已經壞了，不要說料理了，只會想把它丟掉吧。

青少年們會失敗，也會不小心做壞事，但很重要的是：不要讓他們絕望。犯下凶惡犯罪的青少年們，都是被孤獨及絕望感壓垮的孩子。

做了壞事，就斥責他們做錯了，但不要總是以父母立場去逼迫孩子，想控制他們，要讓他們自發性地不去做壞事。讓孩子知道，不管是怎樣的大失敗，或是做了什麼壞事，父母絕對不會丟棄他們。

享樂原則與現實原則

人都想做快樂的事情、想照自己的想法過活，在傷心的時候想要有人安慰，這在心理學上稱爲「享樂原則」；也會想著就算再怎麼辛苦也必須努力讀書、努力工作，這稱爲「現實原則」。

就算一個人做了什麼壞事，有時候也有必要原諒他，給予慰藉。在幼兒階段，有的孩子會有咬人的習慣。以大人的善惡判斷來說，當然這是一件壞事，不過幼兒並不瞭解。但放任他們咬人也不是一件好事。因爲小孩想要咬所以就給他咬，這是只重視享樂原則而非常沒有常識的父母吧。但因爲孩子還小，所以也不是凶他們就好。

年幼的孩子有時候甚至會因爲開心、興奮而咬人，有的則會在有衝突或壓力的時候這麼做，那也是因爲無法控制感情、無法用言語或態度適當地表現。

當小孩子與其他小朋友發生衝突，絕望的情緒如暴風雨般席捲而來，在這樣的痛苦中咬了人。媽媽過來了。小孩子在這樣的痛苦中想著媽媽終於來了，如果媽媽是正常的、有心於教育的人，可能會嚴厲斥責孩子。一般來說，這當然是正確的行爲。但是從小孩子的角度來看，他正在痛苦中，而終於來到身邊的媽媽卻嚴厲地斥責他，他更不知道該怎麼辦才好了。

有必要教導小孩什麼是壞事，問題是該怎麼教？在上述情況中，給小孩一個擁抱可能才是必要的。緊摟著他，讓他安心，然後冷靜地告訴他咬人是不對的。

先瞭解孩子的心情

我想說一件事，是從霸凌者的心理諮詢師那裡聽來的。注意，不是「被霸凌」者（受害者）的心理諮詢師，而是霸凌者的心理諮詢師。在這個心理諮詢師面前，自信滿滿的霸凌者來了，一開始就一副嘔氣、彆扭的樣子。對他來說，需要的是什麼呢？是處罰嗎?斥責、說教,有時候是必要的。但如果被斥責、說教就會反省,那可以說是心理問題還比較輕微的孩子吧。

這位心理諮詢師笑著問這個嘔氣的霸凌者:「欺負人,開心嗎?」

心裡想著心理諮詢師八成又是要說教了的霸凌者,微微愣了一下,然後嘻皮笑臉地開始說明被霸凌者可憐的樣子、欺負人之後爽快的心情。諮詢師也不對他說教,只是回應:「喔喔,是這樣喔。」

他說了一段話之後,諮詢師依然溫柔地詢問他:「那麼,你還想要繼續這樣欺負人嗎?」

一直擺出一副令人生氣態度的少年,這回沉默了,低著頭,眼睛含著淚水,說:「已經,不想再繼續這麼做了。」

從人權問題來看霸凌,霸凌者是百分之百的壞,但是從心理學來看,霸凌者也是需要援助的孩子們。

我曾經在某個學校擔任兼任講師,下課後,一個女學生告訴我她非常受傷的經驗,現在會到處跟男生發生性關係。當時,我差點就想說她幾句,斥責她一頓,但我把那些話吞了回去，試著繼續聽她說，然後問：「是喔！是這樣啊！那妳這樣做開心嗎？」她回答：「一點也不開心啊！傷口越來越深而已。」

「那，是不是就不要這樣了。」我回答，開始了談話。

如果一開始就對這個女學生說：「爲什麼做這麼笨的事情呢？馬上給我停下來！」會變成怎樣呢？這麼說也許是正確的，但可能沒辦法幫助她。

對拒絕上學的中學生說教，要他們上學，大概沒什麼效果吧。我身爲學校輔導顧問，反倒會對學生說：「放心，你什麼壞事都沒有做。」很多拒絕上學的孩子，且不論他們嘴裡說些什麼，心裡總是埋怨自己：「連學校也不去，我眞的很沒用。」他們覺得沒臉見人，所以連外出都不肯。

有很多孩子在一般白天盡可能什麼都不做，等晚上才出來活動，過著日夜顚倒的生活。我們必須把這些孩子從晚上的世界，帶回白天。以這個目標爲前提，不能讓他們覺得自己是很丟臉的孩子。

首先，要讓他們在家裡時精神安定，也要讓他們勇於外出。在此基礎之上，一一除去拒絕上學的障礙物。讓他們瞭解：什麼時間上學都可以，想回家的時候就回家；到學校，但只到保健室裡待著，也沒關係，待在輔導室也可以。這不是寵他們。

「上學就必須正常上學，就必須過著完完全全的學校生活。」其實不需要這樣，而是從可以做到的程度開始就好。光是讓他們知道這件事，也得花不少時間。

然後，不管是哪一種形式，能到學校之後，讓他安心於這樣的上學方式，慢慢地等待他到可以上課爲止。接著再進入下一個階段。

用現實原則對拒絕上學的孩子說教，只會有反效果。一開始可以用享樂原則對應。但如果一直使用享樂原則，只順著他意思，就沒辦法進入下一個階段。

我們需要訂下一個目標。譬如，一週到學校三次，或者是九點之前到校。如果我們進行得太快就容易失敗，反倒要幫助馬上就想訂下高困難目標的孩子，降低目標到可能實現的程度。

「高中考試」這個現實的考驗，對某個程度安定下來的孩子而言，是有效果的。以高中入學考試爲目標，累積上學的日數，慢慢地提高學力。

「現在開始也來得及！」這樣的想法會給孩子的心帶來元氣。

給孩子信賴與安全感

「現實原則」與「享樂原則」，兩種方法都是必要的。就拿中學生氣到忘我，把學校玻璃打破的狀況來說，斥責當然是必要的。「不可以做那樣的事！」「要是有人受傷怎麼辦！」「這是得賠償的！」可能會被訓導處老師大罵一頓，像這樣基於現實原則的指導是必要的。

但如果是有能力的老師，不會光罵人就結束了吧。可能借助學校輔導顧問之力，也可能跟導師聊一聊。或是在嚴厲地斥責學生之後，和他一起整理碎掉的玻璃，用比較安穩的語氣，開始和他聊聊。「你是怎麼了？你不是會做這種事的學生啊？發生什麼事情了嗎？跟老師說說看，讓老師幫你出一份力！」

對應一個受傷憤怒、有攻擊性的少年，嚴格的「現實原則」、溫柔的「享樂原則」，兩種方法都是必要的。我曾經在學校輔導的場合，發揮過我的能力。

從教室傳來老師駭人的怒罵聲，這少年做了相當壞的事情吧。老師從教室出來後，交棒給身為學校輔導顧問的我，說：「剛剛狠狠地罵了他一頓！接下來就麻煩您了！」

這個學生從昨天做了錯事後就被導師罵、被父母罵、被訓導主任罵，我對著被罵了半天了的他說：「這樣一直被罵，很累吧。」

我絕不是要把他做的壞事含糊、曖昧地處理掉，一定要讓他好好反省。但是他因爲我說的話，開始告訴我在班上被孤立的痛苦。這是在家庭裡有「連結職責」的母親與有「切割職責」的父親該做的工作吧。

對跌倒的孩子來說，跑上前幫忙他、緊抱他的母親，努力讓他站起來的父親，這兩者都是需要的。因爲信賴母親會好好地安慰孩子，父親就可以嚴格地管教；另一方面，因爲相信父親會嚴格地管教，所以母親可以讓孩子撒撒嬌吧。

日本曾有用金屬棒殺人、在大家心裡留下深刻印象的事件——一九八〇年十一月，神奈川縣，一個準備第二次重考的二十歲補習班學生，用金屬棒殺害雙親。他的父親畢業於東京大學，哥哥畢業於早稻田大學，都在一流企業裡工作。

加害者青年也畢業於有名的中學，沒有考上第一志願的早稻田大學附屬高中，但也到其他的知名高中就讀。但他在大學入學考試時失敗了，不管是應屆入學考試，還是重考第一年時的入學考試，不管是一流大學還是中等大學，沒有被任何一間學校錄取。他準備第二次重考，成績也沒有變好。

某一天，他擅自用父親的提款卡領錢出來、擅自喝了父親的威士忌。極度憤怒的父親對著兒子怒吼：「你這個笨蛋！大學進不了就算了，這麼做是怎麼一回事？家裡可容不下你這樣的小偷！你這個垃圾！給我滾出去！」而一直以來溫柔守護他的母親，當天偏偏就深深地嘆了口氣說：「你真的是很沒用啊！」

他承受父親說出來的話，覺得不出去不行了。母親的態度則成了關鍵的一擊。嚴格父親與溫柔母親的平衡崩解，那晚，他用金屬棒朝著熟睡父母的頭部使勁地打下去。

以現實來說，他不能一直當個重考生，未經同意使用別人的提款卡也不是可以放過的問題。他雙親對他的斥責，也不是一般人不能理解的方式。

但是對於在心理層面已經被逼到牆角的他來說，那是把他從最後希望推落絕望的一席話。

小心「空轉的愛」

親子關係是人際關係的基本。常見到感覺自己不被父母疼愛的人，脫離人生的正軌，變成凶惡殺人犯的案例。

一般父母當然是愛著孩子的，但誰也不知道孩子是否感受到那份愛。比起客觀事實上的愛，影響孩子的是「能否感受父母的愛」這種心理上的事實。常見的是，父母愛著小孩，但是那份愛沒有傳達到孩子的心裡。特別是青春期的孩子，有著難以接受愛的情形。

某個中學三年級的女生告訴我，她非常認真、拚命地念書與學習。但因爲某一件事情很困擾，晚上睡不著覺，沒辦法集中精神念書。好不容易鼓起勇氣把煩惱告訴媽媽，媽媽這麼回答：「煩惱，等入學考試之後再去煩。」就算被這麼說，孩子也沒辦法做到吧。

這個母親絕對不是壞母親，也愛著孩子，正因爲愛著孩子、爲孩子著想，所以才會覺得對孩子來說，現在最重要的絕不是煩惱那些事情，應該要寫寫練習題，就算一頁也好。但聽到這種說法，孩子無法感受到母親的愛吧。

父母愛著孩子、擔心孩子，所以才要孩子「去讀書」。只是，一見面就叫孩子「去讀書！快去讀書」，沒辦法傳達父母的愛。

有某個孩子曾經跟我說，父母每天一直叫他去念書，讓他覺得很痛苦。但是跟他的父母見面時，父母卻說他們已經忍耐了，沒有每天叫孩子去念書，一整天叫他去念書不好，所以改成早午晚三次。從父母的角度來看，只不過是早中晚三次，但從孩子的角度來看，已經是一整天的感覺。

要孩子念書是一件好事，有時候叫孩子去讀書也是必要的。讓孩子練鋼琴、去運動，這都是好事；想讓孩子進入國立大學、想要他長大當醫師，這也都是好事。只是，絕不可以忘記的是，就算沒有達到目標，還是有轉圜的空間。

「要念書喔！要考過喔！」一邊爲孩子加油，一邊也讓孩子知道，即便考不過、考不上，父母的愛也不會因此而有任何改變。

爲人父母者都希望自己的孩子是個好孩子，都希望孩子很會讀書。但是到了青春期，孩子有時候可能不像之前一樣聽話。在這個時期，父母如果單方面地把愛強押在孩子身上，這樣的愛可能空轉，跟孩子的關係反而會更糟吧。

如果不小心對催促孩子讀書的父母說：「一直這樣反而製造反效果吧？」有的父母會生氣，怒答：「可是！因爲有入學考試啊！必須讀書吧！我如果不講的話，有人會代替我講吧！」這有如坐在輪胎空轉無法前進的車子上，只是使蠻力不斷踩油門，一邊說：「要讓車子前進必須踩油門吧！踩油門哪裡不對了！我絕對沒做錯！」

以父母的角度來看，他們拚命地在做，還被抱怨，應該會發火吧。母親與父親也時常爲此而吵架吧。並不是說叫孩子去讀書不好，也不是要搞清楚誰對誰錯。我非常瞭解父母總是爲孩子著想，但我們必須想想：這樣的愛是不是空轉？繼續踩油門是不是有效果？

先停下來吧。愛是不是眞的傳達給孩子了？孩子是不是眞正感受到父母的愛了？讓我們想一想吧！

無法擁抱孩子的父母

有一些青少年雖然還不到邊緣性人格障礙症的程度，但懷疑自己是不是沒有人愛？是不是被丟掉了？這樣的青少年正急速增加。

二〇〇三年，公共廣告機構曾播放以下內容的廣告；「明明是自己的小孩卻不知道怎麼愛？首先，擁抱你的孩子吧。小小的心，一直都伸出手等著你。」

不要多想「該怎麼愛才好」之類的難題。「先擁抱你的孩子」，這樣的廣告內容贏得了很多人的共鳴。

這樣單純的事情——擁抱——卻有父母做不到。「擁抱」不是指心理上的抽象擁抱，是就照字面那樣去擁抱孩子。但是聽到這個方法，有個母親這麼說：「我……不大擅長那樣做。」這位母親絕不是對孩子沒有愛，只是不擅長與孩子有肌膚的接觸。

某一天，我在百貨公司看到一對年輕父母，站在嬰兒車前，孩子正哇哇大哭著。「再等一下看看吧！」就這樣放著孩子哭。看到小嬰兒哭，不需要心理學、保育學的知識，自然地就會想要把他抱起來吧！不是因為想喝奶，也不是因為尿布濕了，嬰兒就是有這樣哭著的時候，抱著他，溫柔地搖一搖，就會不哭了吧。這對父母卻不知道這樣理所當然的事，對著哇哇大哭的嬰兒說：「再等一下看看吧！」

我曾經在演講時說過這件事，這種被認為是開玩笑，不知道為何如此的事。一些年紀比較大的女性笑了起來。但是對年輕人講這件事，誰也笑不出來。

像那種摀著臉對小孩子說：「看不到，看不到。」然後把手放開突然哇一聲的遊戲，也有父母說太傻了，做不來。

神戶酒鬼薔薇事件的加害者少年曾經說過，不記得感受過父母肌膚上的溫暖，只記得小時候被阿嬤抱著，與阿嬤的味道。阿嬤過世後，他開始殺貓。我想他與父母間也不是完全沒有肌膚接觸吧，但是愛卻沒有傳達到少年的心裡。

我曾經在一個社區中心對年輕父母開了一個講座「如何哄哄小嬰兒」。年紀比較大的人會覺得這種事情不用人家教，自然就會了吧！但是現實裡，不知道怎麼哄小嬰兒、不知道怎麼擁抱孩子的父母正在增加。

對小孩子來說，被哄著、被抱著，愛就會這麼傳達給他……

療癒的空間、活躍的舞臺

小孩子、青少年們需要療癒的空間與活躍的舞臺。孩子們是會受傷的，小時候再怎麼努力生活，到青春期還是會遇到挫折。在那之前一直模糊處理的心理問題，到了青春期已經沒辦法再裝沒事，覺得受傷。能夠自覺受傷，這就是所謂的青春期吧，這時需要一個能夠包容自己的療癒空間。

美國人氣作家馬克思．陸可鐸的繪本《你很特別》，描繪木製人偶們的世界。他們有許多不同的樣子，個性豐富，互相給得到好評的人金色貼紙，給得到不好評價的人灰色貼紙，以這樣的方式生活著。

故事的主角是一個什麼都做不好的木偶，在被貼了很多灰色貼紙之後，完全失去自信，害怕外出，只跟同樣被貼滿灰色貼紙的木偶們相處。某一天，他決定到製作自己的雕刻家家裡。雕刻家溫柔地歡迎他，對他說：「對我來說，你是很重要的存在喔。」可是木偶不理解，爲什麼笨拙、外表也不好看的自己，會是重要的存在呢？但是雕刻家說：「因爲你是我的，所以你很重要啊。」

如果做了什麼很厲害的事，會被社會上的人稱讚，但做不到的話，該怎麼辦呢？誰也不會注意你，不會稱讚你，還會被罵吧。但就算是現在正被稱讚的人，也不知道明天會變成怎樣。如果一直在意這種事，人生可能一點也不開心。

小孩子是不喜歡被比較的。父母雖然沒有惡意，但孩子對於自己被拿來跟鄰居孩子、跟兄弟比較這件事，會覺得生氣。那是因爲他們認爲「被比較」這件事，是父母對自己的愛被相對化的表徵。

小孩子希望無條件地被愛。

就像雕刻家對木偶說的；「因爲你是我做的，所以是很特別的存在，最喜歡你了！」因爲你是我的孩子、因爲你是我的孫子、因爲你是我的學生、所以不管發生什麼事情，你都是最棒的存在，最喜歡你了！傳達這樣的訊息是非常重要的。

在繪本裡，雕刻家這麼說：「當你一直在意貼紙的時候，貼紙也會靠過來貼近你。如果你相信我的愛，那貼紙應該不怎麼重要吧！」

我曾經介紹這本繪本給學生。有學生說自己的父母像這位雕刻家一樣；也有學生說自己的父母跟這位雕刻家恰恰相反，一直給自己灰色貼紙；也有學生陷入沉思，想著：

「誰能像雕刻家一樣對待我呢？」

在現代社會中，感覺自己不被愛的人持續增加，但這也是個療癒的時代，市面上販賣很多療癒系商品。「一定要保護容易受傷的孩子。」有很多父母抱持這種強烈的想法。但是，瞭解了雕刻家的愛、獲得療癒的故事主角，接下來並沒有爲了不受傷而躲在安全的地方，反而告別了關在家裡的生活，開始活動起來。繪本的續集描繪著主角一邊歷經失敗，一邊活躍起來。

無條件的愛

成長需要「療癒」的空間，然後是「活躍」的舞臺。過度害怕孩子受傷，孩子出生後就馬上被放進無菌室，長大會怎樣呢？孩子連感冒也不會得，但只要一從無菌室出來，就會因爲一些小病而死去吧。的確，如果得了什麼大病會十分困擾。但是，生病，然後把病治好，這樣增強了免疫力，能鍛鍊出不輸給疾病的體魄。

受傷也是一樣的。當然，受了什麼重大傷害的話就不好了。但小孩子在反覆受一些小傷的過程中，能學習哪些事物是危險的、該怎麼做才好。如果過度害怕小傷，可能會教出容易受重大傷害的孩子。

如果在無菌室裡，孩子連跑都沒跑，這樣長大後，不只會變成一個弱小的孩子，也一點都不開心吧。雖然很痛、很苦，但是努力完成某件事，這樣的過程會使人變得堅強，感受到活著的喜悅。

如果因爲孩子心裡會受傷，所以運動就不要分出勝負；孩子不擅長發表，所以不要讓他做。去爬山、去海水浴場、歌唱比賽、馬拉松，都別讓我家孩子做。這樣的父母對於可能傷害孩子身體或心理的事，全都想避免。這是療癒熱潮的影響嗎？心理學者是不是要負一點責任呢？

跟生病受傷一樣，如果產生如創傷後壓力症候群般重大的陰影就不好了。但是，心也會隨著受著傷，一點一點地成長。在跨越了不安與緊張之後，等待的是喜悅。只要確信自己是被愛的，就算輸了、就算遇到挫折，也會變成心裡的養分。

我常因演講到很多地方，很幸運地，大家都會拍手歡迎我，讓我站在舞臺上。在人前說話、在媒體表述意見，都不是一件輕鬆的事情，當然被抱怨過，也要承擔風險。某位寫文章的老師曾經說過，寫文章就是一種「露醜」[1]，如果沒有這樣的覺悟，不容易寫出來。但是，透過這本書與大家相會，我覺得非常幸運。

每次上臺接受大家掌聲的時候，我總這麼想：如果每一位少年都有這樣的機會上臺就好了。只要到那裡，大家都會等著自己、都會拍著手歡迎、會注目自己，而且不是用挑毛病的眼神，而是溫暖的眼神，努力地聽自己說話。話說完了之後，有人會稱讚，還會護送你離去，請你「下次要再來喔」。如果少年們也可以擁有這樣的舞臺，誰也不會想犯下無差別殺人，那種得不到任何好處的犯罪吧。

孩子們覺得自己有被愛的權利，以小嬰兒爲例，存在本身就被全然接受，就是會被愛，就算孩子不做什麼努力，也應該無條件地被愛，我們必須這麼做。

經過青春期、青年期，長成大人之後，總是一直悲嘆自己不被愛，也無法解決問題。「施比受更有福」這句話，不單純要呼籲人們對社會做出貢獻，而是這樣做的確比較幸福。

你是特別的存在

有學校把行爲粗暴及適應不良的學生帶到幼兒園、老人院。學生們一開始很消極，但是在小朋友、老婆婆、老公公面前，就收起了他們胡鬧的態度。他們被小朋友們磨著要一起玩，幫老人家推輪椅，在這個過程中，他們的心逐漸獲得解放。看著小朋友的笑容、聽見老人家對他們說「謝謝你們喔」，他們堂堂地開始了志工服務。

新潟縣某一個社區中心女性主任曾告訴我，某天，一群外表看起來有點壞的青少年殺到社區中心來。他們是一群沒有職業、被高中退學的青少年。在職員們一副驚愕的表情中，主任把少年們帶到辦公室，請他們喝茶。這樣被溫柔地對待，少年們過一陣子又跑來了。只要他們來，主任總是請他們喝茶，和他們聊天。聽著他們說著很後悔的事情，傾聽他們的憤怒與不安。

某一天，社區中心將召開一個關於少年偏差行爲的討論會。主任對帶領這群少年的孩子說，希望他參加討論會，對大家說話。少年一開始拒絕，但是主任再三拜託，所以他就答應了。在參加者面前，他侃侃而談，不愧是「現役」不良少年，十分震懾人心，大家非常熱心地聽講。他傳達對父母親、對學校、對大人、對社會的想法，雖然是很不熟練的說話方式，但是他表達了內心的呼喊。討論會後過了一陣子，這群青少年包括帶頭的孩子，來跟主任說，想要再去念一次高中。只要給少年們療癒的空間與活躍的舞臺，他們就能發揮本來的能力。

前面介紹的繪本《你很特別》，英文原文書名是 You Are Special，在日文，「特別」好像是在說什麼特殊的才能，但是英文的 special 是指無可替代的唯一。但不是因爲唯一，所以不用努力也沒有關係，正因爲是唯一，所以必須好好地磨練自己。不管如何，每個人都是特別的存在、都是唯一。有這樣的「療癒空間」，明白自己是唯一，得以好好發揮自己；也有自信而努力活動的「活躍舞臺」，兩者都是必要的。

研究指出，會做出自殺般自暴自棄行爲的孩子，其父母在深層心理上都沒有把孩子當作無可替代的存在，好像是有「替代可能」般。

秋葉原事件的青年失去了驕傲，他在手機網頁上丟了這麼一句話：「在職場裡，好像是不被需要的人，只是爲了勞動力而必要的存在而已。」他不認爲自己是世上獨一無二的人，才會覺得隨便都可以，不會設定只有自己達得到的目標，最終犯下凶行。

創造支援青少年的社會

指責人生不順遂的人是很簡單的事，但是光指責他們，無法有任何改善。日本政府在二〇〇八年七月二十五日，以福田首相爲本部長，組成「青少年培育推進本部」，在二〇〇八年制定了新的「青少年培育政策大綱」，把持續發生路上無差別殺傷事件，歸因於「擴大的就業不安」。大綱裡明確記載著包含對尼特族（啃老族）、自由業者的就業支援，也針對嬰幼兒到三十幾歲的世代做出「無間斷的支援」。

大綱的綱要包含兒童虐待、拒絕上學及閉門不出等青少年問題的對應方式；指出現狀看來，家庭、學校或其他有關機關常陷入個別對症療法；講述「組織及個人相互聯繫合作，社會一起尋求解決方法」的重要性。接著，考慮有問題的青少年的成長歷史，以「重新教育」的觀點，支援他們到能夠在社會上自立爲止。

如果能依照這樣的綱要去執行支援，眞是一件很棒的事，特別是就職支援，這是非常緊迫的課題。關於青少年的問題，只歸責於本人及其心理，是不適當的。無業青年的犯罪常常被報導，有研究指出失業率升高會造成犯罪發生率提高。成人、第一次進監獄的人，有半數都是失業狀態；而第一次進入少年院的人，男生有四成，女生有五成都是沒有職業的。（男生有兩成、女生有三成是學生。）「就職支援」是防止犯罪的重要觀點。再者，工作不只是金錢上的問題，也與所屬意識、自尊心有關。屬於哪裡、有一起工作的夥伴、能貢獻社會又能賺錢，這對於維持自尊心來說十分重要。

我們怎麼樣都要想辦法防止支援中斷。

小學、中學是義務教育，所以不得不到學校，如果拒絕上學，會有很多人來協助。但中學畢業後沒有繼續升學也沒有就職，或雖然去念了高中但馬上退學，宅在家裡不出門，這不能叫做「拒絕上學的孩子」。他們未滿十八歲，屬於兒童諮詢所管轄，但已經不像義務教育中斷時，會有很多人來支援。

處於這種孤立狀態中的親子很多，有的案例因爲沒有支援而虛度光陰。這樣的孩子若能即時入學念高中，也不算是奇怪的年齡，只比平常人慢了一點就學。而到了二十歲以後，就得脫離兒童諮詢所，所以「無間斷的支援」是必要的。

各式各樣的機關圍繞著孩子、青少年，因此個別機關很容易用眼前的個別對應療法幫助他們。如果是有能力的父母，可以在各機關之間擔任諮詢溝通的角色，但是無法要求所有父母都做到，所以連結及合作是必要的。支持孩子是父母的職責，支持父母是家人的職責，而支持這樣的家庭，不是學校、醫院及社會全體的職責嗎？

另一方面，雖然有必要解決就職支援等眼前的問題，但不管是多麼整備的制度，如果大家不能活用就沒有意義了。從「重新教育」的觀點出發，給他們能夠成長的支援也是有必要的。

政府已經施行了各種政策，譬如展開稱爲犯罪預防活動一環的「社會光明運動」，以此爲名展開各種支援。法務局的「孩子人權110」，警察的 Young Telephone Corner（青少年電話諮詢處）等，都設置電話諮詢的服務。

重要的應該是考慮青少年的心情吧。制定諮詢輔導的制度，列預算，設置諮詢室、看板，請幾位諮詢輔導的職員。能做到這裡，可能以爲工作可以告一段落了，這是大人們經常犯的毛病。當然，必須有優秀的政治家及行政的力量，才能實行計畫若此。但如果沒辦法考慮青少年的心，多厲害的制度和設備都只是浪費而已。

誤以爲沒辦法改變

做爲社會心理學者，我的研究主題是「動機形成，幹勁」，從專業的角度來說，沒有幹勁的人絕對不存在，就像不存在不會餓的人一樣。年輕人也都期待運用自己的能力，活躍於社會，爲社會、爲人們做些什麼，沒有一個人例外。

但像「胃不舒服，就沒有食欲」一樣，人也會有因傷心而失去氣力的時候。或者，雖然有食欲，但是因倦怠、鬧脾氣而不吃飯。人也會有不想讀書、不想工作的時候。

有些青少年雖然出現不適應症狀，卻說：「我只是依照我想的活著。」由著自己的想法，破壞規則、退學、爲了尋開心而不工作。甚至，連揮舞刀子也是依照自己想做的去做而已。但眞的是這樣嗎？

新潟恩典教會土屋潔牧師以許多問題來提示——那樣的人「是照他想的去行動，而不是照他希望地去行動」。他們原來的希望是什麼呢？一開始就不想要成績好？一開始就想被大家當成麻煩嗎？應該不是這樣的。每個人都希望功課好，想被大家疼愛、認同，想活躍在社會上，步向燦爛的人生。他們也許眞的依照他們想的在生活，但並不是依照他們的希望在過生活。

這與「依存症」的問題十分相似。他們依照自己的想法繼續喝酒、使用毒品。但這應該不是他們原來希望的，可能只是照著自己的意願，任意地喝著酒。但是眞的喜歡喝酒並用自由意志喝酒的人，反過來也會用自己的意志選擇不喝酒。沒辦法這麼做，是已經失去自由的表徵。

青少年之中也有沒辦法上學、沒辦法工作的人，甚至陷入不得不走向犯罪行爲的狀態，被逼到絕境。他們的心裡是渴望變化的，只是誤以爲已經沒辦法改變、已經什麼辦法都沒有了。另外，也有害怕變化的人。但是這些孩子、青少年都還在發展途中，爲了他們的變化與成長，什麼是必要的呢？

管理與自由並存

只要有青少年犯罪的報導，便會有人評論是家教不足所致，但是突發型犯罪者、無差別殺人者，大多受過很好的家教。以量來說，或許反倒可以說家教過多了。

問題不在於家教夠不夠「量」的問題，而是教的「質」的問題。有人把問題指向人權教育過度化，以及戰後教育問題；也有人說現在的年輕人太狂傲自大、過度自信。我認爲不是人權教育過度，反而是不足吧。對於好好地守護自己及他人人權的意識不充分，所以才會犯罪。難道不是嗎？

年輕人看起來以自我爲中心，表現一副了不起的樣子，但那只是表面而已。根據各種國際調查顯示，與其他國家比較，日本的青少年是最沒有自信的孩子們。所以不要剝奪他們的自信，應該支援他們，讓他們可以正確地培養出自尊心。這才能預防因絕望而生的犯罪，也防止他們因看不起他人，抱持著扭曲的優越感而行動。

「應該尊重孩子自由」與「應該確實地好好教育孩子」，這兩方意見時常對立，但是這兩件事不應該對立，而應該並存。也有關於「管理教育」好不好的爭論，但「管理」本身是必要的吧。如果完全不需要管理，那就不需要學校，也不需要老師了。

被視爲問題的管理教育，是指以錯誤管理實行的教育。所謂錯誤的管理是指束縛孩子、剝奪他的自由。另外，過度嚴厲的規則、體罰、強制與干涉，都是錯誤的管理。

好的管理會給孩子自由。實際上，大人們也會爲孩子考量，調整環境。在那樣的環境中，孩子能夠自由地發展自己的個性，朝著目標努力，接受身心的鍛鍊，品嘗成就的喜悅。

愛與給予自由，這與提升學力或提升業績等事並不互相矛盾。人在被愛的基礎上，就能勇於挑戰，以自由的意志，憑著內心湧起的內發性動機，致力於某事。嘗過那種喜悅、感動、充實感的少年們，長大之後就會想再次體驗。舉例來說，運動會、校慶時那份感動的體驗，將會聯結到將來的工作或家事上。

再者，被逼著讀書與工作，想形成內發性的動機，自發地去實行，必須感受到被重要的人所愛，被老師、父母認同，這樣的眞實感受能提升學習的內發性動機。上司與社會能接納、認同自己，在這樣的意念中才能使我們湧起對工作的喜愛。

不管是哪一種場面，「自己是自己人生的主角」，這樣的自立心與自我決定感是必要的。被人操控著去守規矩、讀書，道德心、學力都不會發展，也感受不到喜悅。給予青少年自我決定的機會，支援他們發展自立心，這是很重要的。

走向新生活的方法

使有非行及犯罪傾向的青少年變化的關鍵，非行臨床心理學者藤岡淳子教授在著作《犯罪・非行心理學》（有斐閣出版），做了以下描述：

首先，要「表明你共鳴的態度」，不分青紅皀白地單方斥責，他們也不會有所變化吧。接著，「找出不一致點」，譬如，爲了讓人恢復精神而使用藥物，效果怎麼樣呢？醫師必須自覺效果是否跟自己預想的不一致，與患者一起面對有意識或無意識的抵抗，設法治療。當他們反對我們的意見，不要與他們正面對立，而是要和他們一起想辦法。最後是「支援自我效能感」，所謂自我效能感，是認識到自己可以成就某事的自信。自己能重新學習，能認眞地工作，抱持這樣的自信。

不管是飲酒，還是情緒、行爲失控，用強制手法讓本人停下來，沒辦法解決問題。

這樣一瞬間停止，在除了壞朋友沒有其他朋友的狀態下，很容易使他們又走回頭路。所以，在他們停止做壞事後，我們必須和他們一起找到新的生活方式，明白不做那些壞事也可以快樂地生活。

解決問題的短期療法

短期療法是心理療法的一種。不是特別針對非行少年，而是一般學校或家庭也可以充分利用的一種思考方式，講究爲了解決問題，大家一起思考，用有效的方式實行。

短期療法不會過度探求問題的原因。過度探求問題的原因，解決根源的問題，這在醫學裡是成功的，譬如去除症狀根源的腫瘤，把病治好。可是心理問題、人生問題往往難知其根源。有時候想太多也不會有什麼好的發現。

比起探求過去，短期療法重視追尋未來的可能性。不探究「爲什麼這孩子會去做壞事」，而是思考「要怎麼做他才會選擇做好事」，這是這個療法的基本想法。

爲了產生所希望的變化，我們需要與對方「協調」，追尋心靈上的調和。這麼一來，談話的基礎才能成立。一邊談話，一邊發現「資源」，發現這個人的優點，發現這個人身邊可以支援的人事物。

改變想法，重新定義一直以來認爲不好的事物，可能會使它變好。譬如，性情急躁的孩子也可以說是很有行動力的孩子吧。向對方傳達「肯定、正面的訊息」，不去追究「你眞的是很壞的孩子」，而是告訴他「你有這麼棒的優點」！

壞事就是壞事，斥責他、要他負責任是有必要的。短期療法中有一個方法叫做「外在化」。譬如，對偷了東西的孩子說「這隻手眞壞呢」！這是憎恨犯罪但不憎恨人的思考方式。對他說：「其實，你不是會做這種事的人對吧！」這也是一種外在化。不說「你是壞人」，而是傳達「你的確做了壞事，但仍是有價值的人」。與其用否定本人價值的說法，後者更能引起改變的契機。

發生了壞事，有時會覺得不可能解決了，但是變化會到來，任何小小的變化都可能發展成很大的變化。你短短的一句話也可能產生小小的變化，說不定因此成爲那個青少年改變人生的轉捩點。

社會的羈絆

一般人爲什麼不會犯罪呢？因爲有刑罰嗎？如果加強取締違規停車、提高罰鍰，違規情就會減少，因此就算有點麻煩，還是會把車停到付費停車場。這種某個程度基於理性的違規，可以用懲罰來抑制。

但是殺人呢？更不要說無差別殺人了，情況如何呢？

根據犯罪學研究，有無死刑制度與殺人事件的發生件數並沒有什麼相關性。廢除死刑的國家，其殺人件數也沒有因此而大幅增加。

神戸酒鬼薔薇事件殺死兩個人的少年，當時才十四歲，所以不會被判死刑。但是中學生的他，以爲被逮捕後會被判死刑。即使有這樣的想法也無法阻止他的犯行。不如說，無差別大量殺人犯是因爲想被判死刑所以殺人。近代社會能實行的最重刑罰——死刑——都沒有辦法阻止殺人行爲的話，怎麼做才能阻止凶惡犯罪者呢？

一九九九年，池袋發生的路上無差別殺人事件，當時二十三歲的青年被逮捕。他的雙親借了很多錢，把還是高中生的他留在家裡，離家出走。他高中退學，依靠當時還是大學生的哥哥，兩個人一起生活。他換過很多職業，也努力過了，最終被絕望感壓垮，想到路上無差別殺人。

他留下「把老子以外的傻子白痴殺了」的紙條，往池袋街頭走去。買了凶器後，他住進膠囊旅館，整整四天在街上遊來晃去。他迷惑了，但不是因爲害怕被逮捕。如果不想被判死刑，一開始就不會想大量殺人。他在被逮捕後這麼說：「做這樣的事情會給哥哥添麻煩。」因此猶豫了。

這件凶惡犯罪說不定有機會避免。結果，他還是在往池袋太陽城的熱鬧路上，一邊喊著「啊！太火大了！殺死你們」，一邊撲襲路人。二〇〇七年，最高法院審判長判他死刑確定，判決內容寫著：「犯行冷酷、無情、殘忍，被害者們非常無辜……」

犯罪學者赫胥提倡「社會控制理論」，主張一個人不會犯罪，是因爲與家人、學校、職場等社會有所牽連。他認爲抑制犯罪的社會控制包含「依附」、「奉獻」等。所謂「依附」，是指身邊有所愛的人。池袋路上無差別殺人事件的犯人，也愛著他的哥哥吧，所以才會想到不能給哥哥添麻煩。

曾經是非行少年的人告訴我，他做了很多壞事，某一天被邀去做一件眞的會變成犯罪者的事，他的腦海浮現了媽媽的臉。「眞的做了的話，媽媽會很難過吧！」當這個想法一出現，面對再怎麼積極的邀約也能拒絕吧。

「做這樣的事情會讓父母傷心。」這個想法正是一種社會規範。

愛你的孩子，成爲被愛的父母

如果有心愛的人，那種感覺會成爲阻止犯罪的力量。所以，只要教導「你也要將心比心，多去愛人」，這樣就好了嗎？但是愛人這種事，不是說愛就可以愛的。根據社會心理學的研究，對喜歡自己的人，我們也會變得喜歡他，這叫做「好意的回報性」——人因爲被愛，變成能愛人的人。

世界各地都教導人「要孝順父母」，《聖經》也說「當孝敬父母」。但如果只把這句話當作道德戒律，有些人會感到辛苦，產生反感。「孝敬父母」並不是一句爲了父母而存在的教誨。《聖經》：「讓我告訴你們幸福的方法吧。那就是愛你們的父母，尊敬你們的父母。」愛爸爸、媽媽的人，無例外地都是幸福的人吧。

爲了孩子的幸福，父母想成爲被愛的父母，也想成爲能愛孩子的父母。爲了不讓愛空轉，必須保持餘裕，再加點工夫。而社會應該要支援父母。

赫胥所說的另外一個社會控制——奉獻，是致力於某事的意思，工作也好、興趣也好、育兒也好，因爲害怕失去這些對象，人就不會犯罪。

但也有案例因爲升學而拚命地學習，反而導致突發型的犯罪。問題應該在於做法。在社會心理學中，同樣致力於某事，也分成「自我投入」及「工作投入」兩種。

考生讀書、棒球選手站在擊球區，如果過度投入，就會想著「分數變差會被罵」、「沒考上會被當笨蛋」、「被三振就會被調到候補」，開始擔心自己的事情。這麼一來，不僅無法發揮實力，也不開心吧。

工作投入是指投入眼前問題的狀態。以前巨人隊教練川上哲治先生還是選手的時候，曾說過：「球像是停下來了一樣。」後來變成了一句名言。短跑選手說：「一站在起跑點，觀眾席的喧鬧隨即消失。在眼前的，只有跑道而已。」曾經是花式游泳選手的小谷實可子曾經這麼說：「狀態好的時候，會把觀眾席傳來的聲援當作是發自內心有一口氣把我拉上來。」

以上的表現方式，大致就是描繪「不要害怕被怎麼評價，專心一致於眼前課題的樣子」。當然，這並不是否定開心獲得高度評價一事。而是說，不要害怕別人的評價，要懷抱著夢想與目標，開心地致力於某事，這樣的工作或興趣將是人生的寶藏，一定會想好好保護它。

像這樣，以暢快解放的心情，深入鑽研、開心地致力於工作或興趣，這與只是打發時間、隨意做做的事情大不相同。不管是參加奧運，還是做今晚的晚餐，都是富有創造性及挑戰性的工作。研究動機形成的心理學者說：「一流主婦更勝二流藝術家。」比起只考慮金錢跟名譽而作畫的藝術家，站在廚房想要做出美味料理的主婦，才處在良好的心理狀態中。

就算有風險，也要懷抱夢想，挑戰目標，只要能這樣，不管結果如何，人生都會變得充實。腦科學學者茂木健一郎教授曾說：「挑戰充滿不確定性的東西，可以促進腦部活化。」腦部如果能正確地活化，就會產生更積極的幹勁，就能將忍耐視爲必要的情況，孕育感動的情緒，湧現維持人際關係的力量。這與殺了人，然後想把人生畫下休止符的想法，恰恰相反。

但是，面對有失敗可能的危險，人爲什麼能冒險呢？

發展心理學學者約翰・鮑比曾主張「心理安全基地」的必要性。舉例來說，把小孩子帶到他沒去過的地方，他會害怕地巴著父母不放。但是慢慢就會產生冒險的心，離開父母。一旦受驚嚇，或碰到什麼不好的事情，他就會嚇得又跑回父母的身邊。這時候，父母絕對不要推開孩子，而要拍拍孩子，對他說：「沒事！沒事！」讓他安心。如果父母沒有因爲不安而不放手，小朋友又會開始冒險。他知道不管發生什麼事，父母都會保護他，成爲一個安全基地。如此一來，他就會勇於挑戰。

「愛與被愛」和「冒險」，是車子的兩個輪胎；「療癒的空間」和「活躍的舞臺」，兩者都是必要的。我們感受到緊抱著自己的確實的愛，與放開手的溫暖期待，把那份情感放在心中，朝著新天地展開新的旅程。結果上來說，我們如果能感受到喜悅，能在學習或工作上得到成果，就可以遠離自暴自棄般的犯罪。

非論理性的信念「必須要……」

有些人悲嘆著自己不被父母疼愛，不管到幾歲總是一直說著這件事，這眞是令人難過的事。有人談到自己的父母過度嚴格、過度干涉、總是綁著自己等痛苦的回憶，這的確也不好受。但是我們必須從父母那裡畢業，這並不是要忘掉父母、捨棄父母，而是理解他們、原諒他們。這一樣不是件簡單的事。

與父母在物理上、心理上分離，是人類的命運。當人做不來一件事，在工作或學校場所，也會有朋友來幫忙我們吧，這種支援是社會的機能。有些人會說自己沒有得到社會支援，身邊也沒有可以成爲夢想或目標的事物。確實，有碰到好環境的人，也有碰到惡劣環境的人。

不過，就心理學理論「論理療法」來說，人會感到不幸不是因爲發生不幸的事情，而是因爲把發生的事情解釋爲不幸之事。

影響我們最大的不是過去發生的事件本身，而是如何解釋事件而產生的價值觀。我們不可能坐時光機回到過去，如果能想著「要變得幸福」，對過去事件的想法就會改變，這不是很有效嗎？當然會有憎恨別人、悲嘆不幸的心情，但那樣做眞的會變得幸福嗎？以論理療法來說，人會感到不幸，是以非論理性的信念去扭曲、解釋過去發生的事。過去發生的事的確會給人帶來影響，但如果過度執著於陰影，就會因此放棄通往幸福的道路。

不是要人試圖忘記發生的事，但是必須從以下的想法解放：「因爲有這個事件，所以我當然會變成沒有用的人，一定會變得不幸。」必須找回以下的感覺：「那時我受傷了，但我不會因此認輸。」

錯誤的非論理性信念代表就是「必須要……」的想法，譬如：必須要考上大學才行、必須要成爲醫師才行、必須要成爲正職職員才行、必須要有男朋友（女朋友）才行、必須成爲人生勝利組才行，並且深信如果不能如此，自己的人生就完蛋了。實際上應該想「要變成那樣比較好」，開始接近目標，做出建設性的努力，才是健康的想法。如果錯誤深信「必須要……」，失敗後就無法朝第二個目標邁進。

面對他人也是一樣，「必須要……」、「應該要……」的想法只會招來不幸，譬如：認爲那個人應該對我更親切、那個人應該多理解我一些。如果對方不那樣做，就沒辦法不發怒。這樣的想法會讓人幸福嗎？

不要用非現實的理想壓制對方，考慮現實中可能的變化吧，應該想：那個人能夠多理解我就好了，可是爲了達到那一步，我應該做出什麼努力？應該下什麼工夫？這樣的想法才能更有效地變得幸福。

「我一定要讓這裡所有人都愛我、都認同我。」這樣的想法會讓你變得不幸吧！請這麼想：「我要盡量讓更多人愛我、讓更多人認同我。爲了達到那樣的目標，我也做出必要的努力。就算不被誰愛，不被誰認同，也不會因此毀滅。我深信，持續努力的想法一定會帶領人們通往幸福之路。」

錯誤的行動化

有關溝通的心理學研究顯示，當人在心理上被逼到困境時，會想大喊：「請瞭解我的心情！」如果喊叫了也沒有人理解，或者沒有可以喊叫的地方、喊叫的方法，又或者覺得覺得喊了也沒有用，就會想用行動來表達，這就叫「行動化」。

秋葉原的加害者青年說，想對網民們顯示自己的存在感。八王子事件的青年說，想讓父母困擾（其實是想要被父母疼愛）。他們把那樣的想法用殺人犯罪行爲表現出來，是現代「表現型犯罪」的典型。

只是，他們的願望因此達成了嗎？秋葉原事件的確在日本犯罪史上留下一筆紀錄，但這種被記憶的方式，是他所希望的存在嗎？八王子路上無差別殺人事件加害者的父母，的確很困擾吧！加害者的願望眞的達成了嗎？比起他的父親，他難道不會更困擾嗎？即便犧牲自己的幸福也想讓他人困擾、痛苦，透過這樣的方式希望自己的心情被理解。但這樣做，沒辦法實現眞正的願望。

中學生多少有不良、服裝不整、打破窗戶程度的偏差行爲或行動化，有指導能力的大人可以理解、體諒他們的情緒。但是殺人，代價未免太大了。

「來理解我的心情！」這其實不只是非行少年及犯罪者會有的情緒。煩惱孩子事情的父母、因爲夫妻關係煩惱的男女、因爲朋友關係及人際關係等煩惱的人們，都希望被理解。

想要被理解，卻無法如願，結果畏縮地把自己關起來，自暴自棄地做出一些困擾他人的行動，導致自己更加被厭惡。越是喊著「理解我」，周遭的人越是遠離他。這樣的人，大多也不瞭解其他人的心情。

母親想著：「我這麼擔心你考試的事情，爲什麼不瞭解媽媽的心情呢？」孩子想著：「媽媽一點兒都不瞭解我的心情！拜託理解一下！」丈夫生氣：「爲什麼不瞭解我的心情啊！」妻子悲嘆著：「他一點兒都不想一想我的心情如何。」雖然互相愛著對方，但這樣是無法溝通的。

瞭解他人的必要性

溝通，是心的交流，不是單行道。在彆扭的人際關係中，不是要求別人要理解你的心情，而應該去瞭解別人的心情。只要開始這樣思考，人際關係就會出現奇蹟。「我想要知道你的心情」是諮詢式的想法，心的交流會因此復活。

秋葉原青年在現實世界裡無法獲得滿足的心理交流，所以藉由手機進入網路世界。網路世界應該有新的可能性，在網路交流版上，一開始也有回應他的人。但是，被狠狠傷過的心，無法滿足於少量的愛。

「還要更多、更多，要理解我痛苦的心情！」這樣的呼喊卻以反話、諷刺或冷淡的態度表現出來。漸漸地，對他發文的評論就少了，加深了他的孤獨感。

在網路交流版上，如果他能有一般的互動就好了。想要大家理解他的心情，他就要先瞭解大家的心情，這是溝通的基本態度。如果他在某個地方被愛、被理解，有這樣的支援，就能享受網路世界裡的樂趣吧。

如果能在網路世界裡與其他人有很好的互動，從網路上得到元氣，可能幫助他改善現實的人際關係。可惜的是，他的家庭不行了、職場不行了，最後連網路也不行了，便失去了容身之處。

學習打招呼

溝通的基本是打招呼。打招呼，實際上是沒什麼意義的對話。

「要出門了嗎？」「是的，就到附近！」這樣的招呼正是沒什麼具體意義的對話。但打招呼這件事情有心理上的意義，代表一個人想跟你建立友好的關係，關心著你。

很多中小學都有打招呼的教育，因爲打招呼是習慣，只要習慣了之後，長大也會自然地打招呼吧。早上見面時說早安，老師吩咐事情的時候回答：「好的，我知道了。」事情做完之後，回來向老師說：「照老師的吩咐做完了。」回家的時候說：「謝謝老師。」只要好好做到這些事，他的人生就加分很多。

常常聽到有人抱怨最近的年輕人連打招呼都做不好。有些新進職員早上進公司時，什麼話都不說，下班時也不打聲招呼就自顧自地離開了。朋友告訴我，新人歡迎會的時候，新人旁邊坐著上司，他卻任意地往自己的酒杯裡倒啤酒，開始喝起來。這樣的年輕人瞧不起前輩與上司嗎？也不是這樣的，他們只是不知道身爲社會人士的常識而已。

人際關係中必要的行動就是「社交技巧」。一個人在組織裡不順利，不是因爲個性或思想問題，而是沒有學習過社交技巧，也就是和同事、上司、顧客、老師、朋友、情人接觸時，應該做的事情、不可以做的事情是什麼？沒有社交技巧，會讓周遭的人以爲你是壞人。如果變成那樣，人際關係就會更緊張、惡化。

我的朋友對一個人開始喝起啤酒的新人說：「今天，我就從基本的開始教你吧！」指導這位新人要先給上司倒酒，新人也非常坦率地聽了我朋友的話。

閉門不出的青年裡，有些人把自己關在房間裡，不跟任何家人說話，所有對話都用筆談。對於這樣的家庭，精神科醫師齊藤環建議，口頭打招呼是溝通的開始。「早安」、「晚安」、「今天天氣不錯耶」，就算對方沒有回答，就算他在門的另一頭，看不見他的表情，就從打招呼開始，再次啓動家人間的交流。

我們的生活裡，也有因爲一個招呼而開始的新緣分吧。

偶然力：追尋幸福的方法

如果秋葉原事件的青年能在某個時間點得到一點點力量，或在新的地方遇到什麼新的緣分，他的人生與被害者的人生可能就完全不一樣了。在某個地方、某種偶然的緣分，讓抓住某種偶然的「偶然力」成爲發現幸運事物的能力。偶然力不是單純的命運，也需要能力才能擁有，所以是可以鍛鍊的。

誰都有所謂的「偶然的緣分」吧。問題是你有沒有意識到、有沒有發現它是緣分？許多科學上的新發現，或市面上的新商品、新料理，都是將偶然、失敗或不幸變成機會的例子。

聖路加國際醫院理事長、名譽院長，九十六歲的現職醫師日野原重明，將自己的經驗寫在《抓住幸福的偶然》（光文社出版）一書，他說：「偶然力是一種能力，能發現滾動到路邊的鑽石原石。」「就算失敗，能夠做出有創造性的失敗就好。」

偶然力是從小說來的詞彙，茂木健一郎教授最近發現偶然力在腦科學界受到注目。他說：「腦，是藉由與外界來往繼續變化的開放系統，外出遇到新緣分的偶然力，是開放系統中與腦的本質相關的能力。」

人一旦受傷，就會害怕再被傷害，可能遠離人群，不想出門，不想活動，把自己關在家裡。然後越是思考，越是沮喪，沮喪到最後就可能毀滅自己、毀滅他人。不管是什麼煩惱，只要可以對人說一說，不可思議地，就會感覺比較輕鬆。雖然問題本身沒有變化，煩惱還是在，但會減緩心理問題的嚴重程度。

爲了磨練偶然力，必須到外面與人交流、活動。要張開天線，不要放棄尋找新的緣分。

秋葉原青年也曾經有這樣的緣分吧，應該有可能成爲好朋友的對象。實際上，他在中學之前的朋友圈很廣；犯案前，在職場裡也有一起出去玩的朋友。但是他說：「我一個朋友也沒有。」

接受，奮鬥

如果心靈脆弱、腦部活動不活躍，就算有新的緣分出現，可能也不會發覺。就算意識到了，但卻過度地煩惱自己配不上對方、對方配不上自己，就會變得絕望，或者會不斷地尋找與自己最合適的對象，這就是所謂的「永無止境的青春期」，總是擔心外界對自己的看法。

人氣作家宮部美幸的小說《勇者物語》（角川書店出版）被拍成電影，主角是一位面對殘酷命運的少年。少年到奇妙的世界去，爲了改變命運，試圖將五個寶石弄到手。以上是一般常有的冒險、奇幻故事內容。這時，另一個有著同樣目的少年來到這個世界，爲了得到寶石，改變命運，他不惜做出慘虐的行爲。主角一邊否定那樣的做法，一邊打到強敵，蒐集寶石。

我們的周遭有悲傷、痛苦的事，也有可以改變、應該改變的事。作者說：「只要這個世界改變就好了嗎？」「接納不順遂的自己，重新出發，不就好了嗎？」「接納這個世界就是面對自己的陰暗面（自己也不太想知道的內心）。」（取自電影《勇者物語》官方網站）

許多故事裡的主角克服困難，打倒敵人。雖然我們的現實世界，不會有怪物入侵，但是人們也與考試、失業、戀愛等煩惱對抗著。不只是抵抗外界紛擾，我們也透過這些經驗成長，最後來到挑戰最需要勇氣的一步——面對自己。如果這場戰役連連敗退，最後可能會想毀滅自己、毀滅他人。

我們應該改變什麼？應該接納什麼？應該忍耐什麼？應該挑戰什麼？一個個都是我們的勇者物語。

戒酒會等常被使用、有名的〈寧靜禱告文〉這麼寫：「神啊，對於能改變的事物，請賜給我能改變的勇氣；對於無法改變的事物，請賜給我能寧靜接納的心。然後，請賜給我能區分兩者的智慧。」

變化會引起不安。現在很痛苦但不試圖改變的人這麼想：「比起不確定的未來可能受到侵襲，還不如咬著現在的痛苦比較好。」但因爲不是眞正接納，就會產生「反正，像我這種人……」的負面想法，陷入自卑與自我憐憫的感受裡。如果可以拿出勇氣，向改善的目標踏出第一步，變化就會開始。

有些人對無法改變的事物，不管過了多久總是不滿、總是抱怨。但這樣悲嘆自己的人生、一直憎恨別人，也不會使好的事情發生。請接受命運，然後挑戰吧，也許不能改變命運，但可以改變面對命運的態度。

精神病理學者小田晉教授雖然肯定死刑對殺人行爲的抑制力，但也認爲最大的抑制力是宗教（不是會懲罰人這種令人害怕的宗教）。而我覺得，能抑制殺人行爲的是「愛」這樣的神——不管人在哪裡跌倒，都有支持存在，把人從絕望中救回來。再者，所謂的「神」，不只愛人，還會給人們使命與勞動的任務。

佛洛伊德在晚年受訪時被問到：「怎樣的人是健康的人呢？」他說：「能夠勞動、能夠愛的人。」換句話說，就是立於被愛的基礎，被誰需要，也需要誰。

佛洛伊德也告訴我們成爲人生勝利組的方法：「懷抱著被愛的眞實感受、感受到被愛著的孩子，就會感覺人生已經獲得勝利，常常就這樣成爲眞正的勝利者。」

爲了不讓人變成犯罪者，不要嚴加斥責、否定他的存在。不要威脅他：「如果失敗或犯罪的話，就有可怕的懲罰等著你。」

而是告訴他：「你不是一個人，我們愛著你。」

1　日文「文章を書くというのは、恥をかく……」，取其押韻諧音之妙。

終章

我們是關心犯罪問題的。有看熱鬧、瞎起鬨的人。看著犯罪新聞的人，有的人對被害者抱著深切悲傷與同情心，或對犯人感到憤怒、對社會產生疑惑。

犯罪當然都是不好的。殺人這種無法挽回的事件，不像靠竊盜維生的專業犯罪，而是由普通人引起的，這樣的犯罪特別令人感到悲傷。

專業的犯罪者不管發生什麼事，第二天也會去「工作」；但普通人如果遇上什麼不一樣的事，就會打消壞念頭，罷手不做吧。這麼一來，就不會發生剝奪被害者幸福人生的事情了。專業的犯罪者一般不會做太過分的事，但普通人可能會因爲幾百元的商品拿菜刀刺殺店員，會爲了「給無視我的人一點好看」而大規模殺人。

對於未來還有很多可能性的青少年，犯下放棄自己人生般的犯罪，我們的心裡想問「爲什麼」？

我的老家新潟，數年前發生了國中學長把學弟殺死的少年集團暴力殺人事件。我曾去旁聽那個案件的審判。地方法院大約三十個位子全被坐滿。旁聽席的右方與左方，分別坐著被殺害少年的父母與殺人少年的父母。同一個地區、同一個學區的家長們，抱持著什麼想法，坐在同一個地方呢？

被告少年們被用繩子拴著進入法庭，就像到補習班上課的普通學生，但同時又是凶惡犯罪的犯人，正在接受裁判。審判後，被害者的雙親召開記者會，我也在現場。遺屬深切的悲慟緊緊地傳遞過來，父親對犯人的憤怒、母親對生命的珍重……悲痛欲絕的雙親，我們應該怎麼回答他們的疑問才好呢？

非常令人遺憾的犯罪發生了，我們可以做的就是保護被害者，盡量減少這樣的犯罪，從此次犯罪學習一些事情。我們面對犯人當然是憤怒的，但就算憤怒到忘我，社會也不會因此改變。相反的，從犯罪中學習過多或誤解犯罪的話，更會把青少年逼入絕境，或者對某些障礙者、職業、有某種興趣的人抱持偏見，這麼一來，不幸的人可能又增加了。

本書以秋葉原無差別殺傷事件起筆，盡可能加入新的事件做爲參考。其實，未知的事還很多，也有精神鑑定結果還沒發表的事件。但即便什麼都還不知道，我也不覺得心理學者或精神科醫師只能保持沉默。

犯罪發生後，大量的報導中有著明顯錯誤的評論。對此，我們可以發出指正的訊息。因爲發生犯罪事件，我們對家庭或社會問題的關心日益升高，更想瞭解與研究相關議題。我認爲，不要讓被害者寶貴的生命白白犧牲，要好好掌握這些探討的機會。

謝謝閱讀本書的讀者們，我由衷地感激可以透過本書與大家一起思考。在這個巨大、複雜的社會中，雖然犯罪還是會發生，但從犯罪而學到新事物的我們，可能有機會因爲一句話而阻止下一次犯罪。

教導青少年生命寶貴的方法不是說教，而是我們本身要先過著充實的生活，讓生命充滿光輝。不是嗎？

富饒卻停滯不前的日本社會，許多青少年失去夢想與希望，我們必須將生命的光輝與生命聯結的美麗傳達給下一個世代。

最寶貴的是孩子們的將來。

就如青少年得到很多人的支援一般，筆者也感謝能得到ＫＫベストセラーズ責任編輯的支持，才能如此與各位讀者相會。另外，自幼奉獻無暇的愛給我的父母、總是陪著我忙碌的妻子、青春期與青年期的兩個孩子，我想說聲：「謝謝你們。」

二〇〇八年八月

譯者序

在ＪＲ中央線電車上，「あの……」（那個……），我扯下耳機，轉身看著這個輕拍我肩膀的年輕男子。他有著恍惚又空洞的眼神，說著我聽不懂的話。環顧四周的人，臉上全寫著「離他遠一點」。

OK，不是我日文不好……

無差別殺人，這個近年來在臺灣時常成爲網路關鍵字的話題，天母黃富康案、曾文欽案、臺北市文化國小無差別殺人案、鄭捷案、小燈泡案等。始終只停留在「網路關鍵字」的話題，網路評論大致的意思就是——排除危險的加害者，還給被害者及家屬一個公道。幫加害者說話的律師是惡魔，沒有站在被害者角度思考。

雖然我是個讀法律的人，但在這個問題上，始終無法光用法律說服我自己。

顯而易見且不可否認，犯下無差別大規模殺人者絕對有某種程度的精神問題。依據精神鑑定，法院可能會減輕行爲人的罪責，以符合他應該負擔的刑度；又或者認定被告有責任能力、無教化可能性而判死刑。再者，不論被告到底犯了什麼罪，基於被告防禦權，被告有選任律師的權利。而身爲該被告律師之人，有全力協助被告、爲被告辯護的義務。

嗯，理性上是這樣的。但就算案件依照法律程序這麼「解決」了，害怕或憤怒，以及身爲一個人的根本恐懼，卻還是揮之不去。這樣任意揮刀拔槍的行爲，可能讓我認識的人、不認識的人受傷、甚至失去生命，令人感到莫名其妙且手足無措。

這樣的案件一件接著一件發生，告訴我們，這可能是個社會系統性的結構問題。但是，問題到底出在哪裡？這個疑問已經超出法律人的守備範圍。

鄭捷案發生後，我因緣際會翻譯了日本法務省在二〇一三年發表的無差別殺人研究報告總結的部分。我以那份研究爲基礎，在找尋更多可能原因與解答時，遇到了本書。

本書從秋葉原事件切入，分析犯案青年的成長過程。以他的家庭關係爲起點，乃至他的學校、交友、職場關係。他在現實世界無法擁有足以支持心理的聯結後，雖然轉向網路世界，但終究沒得到心靈安慰。

作者引領我們俯瞰這個個案，同時舉出其他無差別大規模殺人案件，橫向分析出相似點，並聯結到因時代變化而產生的社會結構性問題。如此從個案到社會的通盤分析，是本書特別之處，也是我們亟需學習的研究方法。

雖然這是一本從心理學角度分析無差別殺人的書，但是讀起來卻一點都不覺得艱澀或陌生。爲什麼呢？因爲每一個分析重點都在我們的日常生活裡：

給零用錢也是一門學問，背後原來是愛的象徵；

斥責孩子的基礎，在於堅實的愛的關係；

不管網路世界再怎麼發達，人始終沒有改變，還是需要現實世界的聯結；

看起來只是個性有點特別的人，可能有某種精神疾患，身邊的人應該如何應對？

瞭解這些事情的意義，除了讓我們更注意與人相處的方式之外，當我們自己或周遭的人有稍微偏離常軌的想法及行動時，我們能夠透過本書得到一些線索，試著瞭解自己或他人爲什麼如此。「瞭解爲什麼」與「有意識地行動及應對」，可能都是阻止下一個事件發生的轉捩點。

電車內廣播著「新宿駅」（新宿站到了），那個年輕的男子繼續向下一個人搭話。我看著大家警戒的眼神，下了電車，離開那個充滿緊張感的空間。但是在無差別殺人的議題上，事件持續發生的現代社會，誰也無法用「下車」來逃避問題。所以讓我們透過本書一起面對！一點點也好，開始關心這個議題！開始關心身邊的人吧！

最後在此由衷感謝時報文化出版社的李國祥主編及麥可欣編輯，讓這本書有機會以中文的形式在臺灣開拓討論的空間。感謝楊添圍醫師及黃致豪律師爲本書寫序，並給我許多翻譯上的建議。謝謝支持我翻譯這本書並幫忙引介的友人允元、清鴻。感謝成爲我隻身旅日力量的父母、在日本陪伴我的朋友，以及透過ＳＮＳ在世界各地陪伴我的朋友。因爲你們的支持，讓我可以順利地翻譯此書。愛してるよ！

李怡修　二〇一七・五　日本東京自宅

異言堂 025

誰都可以，就是想殺人：被逼入絕境的青少年心理

作者—碓井真史
譯者—李怡修
主編—李國祥
責任編輯—麥可欣
企畫—葉蘭芳
封面設計、美術設計—兒日
總編輯—李采洪
董事長—趙政岷
出版者—時報文化出版企業股份有限公司
一〇八〇一九臺北市和平西路三段二四〇號三樓
發行專線—（〇二）二三〇六—六八四二
讀者服務專線—〇八〇〇—二三一—七〇五
（〇二）二三〇四—七一〇三
讀者服務傳真—（〇二）二三〇四—六八五八
郵撥—一九三四四七二四 時報文化出版公司
信箱—一〇八九九臺北華江橋郵局第九九信箱
時報悅讀網—http://www.readingtimes.com.tw
電子郵件信箱—genre@readingtimes.com.tw
法律顧問—理律法律事務所 陳長文律師、李念祖律師
印刷—勁達印刷有限公司
初版一刷—二〇一七年六月十六日
初版三刷—二〇二一年九月十七日
定價—新臺幣三三〇元

時報文化出版公司成立於一九七五年，
並於一九九九年股票上櫃公開發行，於二〇〇八年脫離中時集團非屬旺中，
以「尊重智慧與創意的文化事業」為信念。

誰都可以，就是想殺人：被逼入絕境的青少年心理 / 碓井真史著；
李怡修譯. -- 初版. -- 臺北市：時報文化, 2017.06
面； 公分. -- (異言堂 ; 25)
譯自：誰でもいいから殺したかった!：追い詰められた青少年の心理

ISBN 978-957-13-7045-3(平裝)
1.青少年犯罪 2.犯罪心理學 3.殺人罪 4.日本

548.581 106009152

ISBN 978-957-13-7045-3
Printed in Taiwan